La magia de Creer

Créelo primero, alcánzalo después

Claude M. Bristol

Introducción del Dr. Camilo Cruz, autor del *bestseller La Vaca*

TALLER DEL ÉXITO

La magia de creer

Copyright © 1948 by Claude M. Bristol

Título original: *The magic of believing*
Traducción al español: Copyright © 2019 Taller del Éxito, Inc.

Reservados todos los derechos. Ninguna parte de esta publicación puede ser reproducida, distribuida o transmitida por ninguna forma o medio, incluyendo: fotocopiado, grabación o cualquier otro método electrónico o mecánico, sin la autorización previa por escrito del autor o editor, excepto en el caso de breves reseñas utilizadas en críticas literarias y ciertos usos no comerciales dispuestos por la Ley de Derechos de Autor.

Publicado por:
Taller del Éxito, Inc.
1669 N.W. 144 Terrace, Suite 210
Sunrise, Florida 33323
Estados Unidos
www.tallerdelexito.com

Editorial dedicada a la difusión de libros y audiolibros de desarrollo y crecimiento personal, liderazgo y motivación.

Traducción y corrección de estilo: Diana Catalina Hernández
Diagramación: Joanna Blandon
Diseño de carátula: Diego Cruz

ISBN: 978-1607387831

25 26 27 28 29   R|GIN   11 10 09 08 07

CONTENIDO

CAPÍTULO 1:
El poder de creer 11

CAPÍTULO 2:
Los experimentos de la mente...35

CAPÍTULO 3:
El misterioso subconsciente 61

CAPÍTULO 4:
La sugestión y cómo funciona 71

CAPÍTULO 5:
Las imágenes mentales y cómo utilizarlas...................................95

CAPÍTULO 6:
Libera tu subconsciente con la técnica del espejo 125

CAPÍTULO 7:
Crea tus pensamientos, persiste y proyecta................................141

CAPÍTULO 8:
El poder femenino en la magia de creer 173

CAPÍTULO 9:
La magia de creer..205

INTRODUCCIÓN

Pese a que, en todas las ruedas de prensa, firmas de libros o entrevistas en las que participo cada año, busco siempre enfocarme en el éxito, en las estrategias que nos pueden ayudar a vivir una vida plena y feliz, siempre hay alguien que me pregunta sobre las causas más comunes del fracaso.

En tal sentido, mi respuesta siempre es la misma: la mayoría de los fracasos no son el resultado de la falta de oportunidades o recursos. Tampoco es consecuencia de no contar con los talentos o las habilidades para lograr los objetivos propuestos. Aunque parezca difícil de aceptar, el componente principal del fracaso es la falta de fe, de convicción, de creer en nosotros mismos.

Tan absurdo como pueda parecer, la mayoría de las personas que asegura querer triunfar y estar dispuesta a hacer lo que sea para alcanzar sus metas se queda corta en dicho propósito porque simplemente no cree que posea las destrezas y aptitudes para hacer sus metas realidad.

Cada declaración de compromiso va seguida, casi de inmediato, de la duda correspondiente. "Voy a empezar un negocio… pero, ¿qué sé yo de negocios?". "Este año sí tomaré control de mis gastos… pero, ¿para qué me engaño si soy un comprador compulsivo?". "Quiero ser un mejor líder para mi equipo... pero, ¿cómo lograrlo si soy un pésimo comunicador?".

Lo más triste de todo es que, en esta lucha constante entre la certeza y la duda, parece siempre ganar la segunda.

Sin embargo, basta con echar un vistazo a nuestro alrededor para ver lo que sucede cuando actuamos con fe y convicción en nuestros sueños y en nuestras habilidades para hacerlos realidad. Empresas como Apple, Microsoft, Tesla, Facebook, Amazon y Starbucks, entre otras, son el resultado de la convicción y determinación de sus gestores. En cierto sentido, podríamos aseverar que ha sido la magia de creer la que se ha encargado de instaurar las circunstancias ideales para que dichas empresas prosperen.

En 1989, cuando terminé mis estudios de doctorado y comencé a considerar la idea de empezar una empresa propia, cayó en mis manos un pequeño libro que se encargaría de mostrarme lo que puede ocurrir cuando eliminamos todos aquellos "peros" que suelen ser la antesala de la duda y la inseguridad. Ese libro, *La magia de creer*, es el mismo que ahora tienes en tus manos.

Sin duda, autores como Norman Vincent Peale, Og Mandino, Napoleón Hill y Claude Bristol cimentaron en mí la absoluta certeza de que, en el camino al éxito, nada reemplaza ni es más importante que la fe.

Es curioso, a pesar de que todos deseamos saber cuál es el secreto que nos permitirá triunfar y ser felices, nunca se nos ocurre buscar dicho secreto en nuestro interior. Así, terminamos buscando fuera de nosotros algo que ya es parte de nuestra misma esencia.

Napoleón Hill observaba que el ser humano llega a creer cualquier cosa que se repite a sí mismo, así sea una afirmación verdadera o falsa. Si alguien repite una mentira una y otra vez, con el tiempo termina por aceptarla como cierta, y de ahí en adelante continúa actuando de acuerdo con una nueva realidad que ha programado en su mente.

En *La magia de creer*, Bristol nos invita a cambiar las aseveraciones negativas que hemos utilizado hasta el momento por afirmaciones positivas que dibujen en nuestra mente los resultados que deseamos obtener. Él cree firmemente en que cualquier persona puede obtener un objetivo determinado siempre que tenga la inquebrantable convicción de que puede lograrlo y lo afirme con convicción y entusiasmo. Para demostrarlo, expone una serie de casos y ejemplos de vida a lo largo de todo el libro.

Si mantienes una imagen mental clara de lo que deseas lograr en tu mente y tienes la más segura e incuestionable fe de que lo lograrás, si no piensas o hablas de ello de otra manera que no sea con la seguridad absoluta de que lo vas a conseguir, el poder de tu pensamiento se encargará de ayudarte a crear las circunstancias que te permitan hacer realidad ese sueño, meta u objetivo.

No obstante, ten presente que, a menos que actúes con seguridad y convicción, lo más probable es que las oportunidades que tu mente ha creado pasen de largo. La respuesta a lo que buscas —esa magia de la que escribe Bristol— no existe de acuerdo con tu fe mientras hablas, sino de acuerdo con tu fe mientras actúas. De nada sirve que pienses, proyectes y planees tu éxito si dicho plan no está acompañado por el propósito y la determinación de actuar.

Espero que disfrutes de esta lectura tanto como yo lo hice hace ya varias décadas y, como siempre, nos vemos en la cumbre del éxito.

Dr. Camilo Cruz

Capítulo 1

El poder de creer

Hay algo… llámalo facultad, fuerza, elemento, ciencia, que algunas personas alcanzan a comprender y otras también a utilizar para superar sus dificultades y conseguir notables éxitos. Yo creo firmemente en su existencia. Ahora me propongo a hablar de ello de la forma más completa posible para que puedas usar este conocimiento en tu propio beneficio.

Hace más de quince años, el director de la sección financiera de un gran diario de Los Ángeles asistió a una conferencia que dicté a los especialistas en finanzas de dicha ciudad y leyó mi folleto: *T.N.T. El poder está en tu mente* (en inglés *T.N.T. It Rocks the Earth*). Después, me dijo:

> *Ha logrado usted captar el conocimiento etérico de ese algo que tiene la calidad mística que explica la magia de*

las coincidencias, el misterio de lo que hace afortunados a los hombres.

En ese momento, comprendí que había dado con algo práctico que era, de hecho, efectivo. Pero ni entonces ni ahora lo consideré nada místico, salvo en el sentido de que es un poderoso elemento desconocido por la mayoría de las personas. Ese "algo" siempre lo han conocido los afortunados seres humanos que han triunfado en todas las épocas, pero que, por algún motivo que nos es desconocido, es ignorado por la persona promedio.

Hace ya bastantes años, comencé a enseñar esta nueva ciencia por medio de conferencias y de la difusión de mi folleto. Sin embargo, no estaba muy seguro de que el hombre común lograría comprender los conceptos. Desde entonces, he visto repetidamente a quienes la utilizan duplicar y triplicar sus ingresos, iniciar y triunfar en nuevos negocios y empresas, adquirir mansiones campestres y amasar considerables fortunas. Entonces, he llegado a la conclusión de que cualquier persona inteligente que sea sincera consigo misma puede alcanzar las alturas que se proponga.

Yo no tenía intención de escribir un segundo libro sobre el tema, pese a que muchos me insistían que lo hiciera, hasta cuando, una mujer que trabaja en la firma editorial que tantos ejemplares ha vendido de mi primer libro (la obra a la que me referí antes) me puso entre la espada y la pared al decirme:

> *Usted tiene la obligación de dar a las personas que tratan de abrirse paso en el mundo, en una forma clara y fácil de entender, no solo el contenido de su libro T.N.T, sino del nuevo material que está ofreciendo a sus oyentes en las diversas conferencias que dicta. Todo aquel con ambición desea estar al día y usted ha demostrado ampliamente que tiene algo que puede ayudar a cualquiera. Depende de usted compartirlo con el mundo.*

Me costó convencerme. Sin embargo, había sido soldado durante la Primera Guerra Mundial, prestando servicio en Francia y en Alemania, y a causa de mis actividades como oficial de las organizaciones de excombatientes y miembros de una comisión estatal para la rehabilitación de los veteranos de la última guerra, comprendí que, para muchos de ellos, no sería fácil situarse en un mundo práctico como el nuestro, del que tanto tiempo estuvieron apartados. Con esta idea presente y la motivación de ayudar a todas las personas con aspiraciones, inicié la tarea de escribir este libro sobre la facultad mágica del pensamiento y de la convicción mental. Así, este trabajo está escrito también para ayudar a desarrollar el pensamiento y la accion de cada quien.

Dado que este libro puede llegar a caer en manos de quienes podrían calificarme de "charlatán", permítaseme advertir que ya tengo más de cincuenta años y que poseo un largo historial como hombre de negocios, así como anteriormente de periodista. Me inicié como reportero policial, y los periodistas que se especializan en tal tema se habitúan a considerar solamente los hechos y a no dar por cierto nada que no esté debidamente comprobado. Luego, por espacio de dos años, tuve a mi cargo la sección religiosa de un gran diario metropolitano y, a lo largo de dicho período, mantuve estrecho contacto con los clérigos y dirigentes de todas las denominaciones, sanadores de la mente, espiritualistas, científicos cristianos, nuevos pensadores, líderes de la unidad, adoradores del sol y de los ídolos y, sí, incluso algunos infieles y paganos.

El famoso evangelista Gypsy Smith estaba haciendo un tour por todos los Estados Unidos durante aquella época. Noche tras noche, me senté junto a él en su tribuna, observando a la gente caer de narices sobre el pavimento, sollozar y emitir gritos histéricos, todo lo cual me dejó maravillado.

De nuevo, me maravillé el día en que acompañé a la policía por causa de una llamada de urgencia cuando algunos de los Holy Rollers, en un momento de histeria colectiva, volcaron una estufa e incendiaron el local en donde se reunían. Y así me seguí maravillando al asistir a diversas reuniones de las numerosas sectas religiosas, espiritualistas y de cristianos científicos. Mi asombro no reconocía límites al ver, por ejemplo, a un grupo de personas blancas zambullirse en las heladas aguas de un torrente de la montaña para salir de ellas cantando el "Aleluya" a gritos, a pesar de que sus dientes castañeaban de frío. Igualmente me maravillé al presenciar bailes ceremoniales de los indígenas y sus rituales de danza de la lluvia.

En Francia, durante la Primera Guerra Mundial, me asombré ante la sencilla fe de los campesinos y el milagro que para ellos constituían los curas de los poblados franceses. También escuché historias sobre milagros en Lourdes y en otros santuarios. Cuando vi a ancianos de ambos sexos en una famosa y antigua iglesia romana subir de rodillas una interminable escalera para contemplar cierta urna sagrada —una ascensión que incluso para un atleta joven hubiera resultado difícil y penosa— no me quedó más que maravillarme de nuevo.

Los negocios me pusieron en contacto con los mormones. Cuando descubrí la creencia en la historia de Joseph Smith y en las revelaciones de las láminas de oro, quedé boquiabierto. Lo mismo me sucedió con los *Dukhoboros* del Oeste del Canadá, que se arrancaban las ropas cuando se los provocaba. Durante mi permanencia en Hawái, oí hablar del poder de los *kahunas*, quienes, según se asegura, hacer vivir o morir a una persona por la mera fuerza de sus plegarias. El enorme poder atribuido a estos *kahunas* me impresionó hondamente.

En mis primeras épocas de periodista, vi a un famoso médium tratando de materializar "espíritus" ante una sala judicial llena de un público que se burlaba del espiritismo. El juez había prometido poner en libertad al médium si conseguía hacer hablar a entidades del otro mundo ante el tribunal. No lo consiguió, y yo me pregunté por qué, ya que los numerosos admiradores y partidarios del médium aseguraban haber visto materializarse a los espíritus en diversas sesiones, y así lo atestiguaron.

Muchos años después, se me encargó que escribiera una serie de artículos sobre adivinos y especialistas en decir la fortuna, en ver el futuro de las personas. Visité a todas las variantes del género, desde gitanas y pronosticadores del futuro a través de la bola de cristal, hasta astrólogos y espiritistas. Así, tuve oportunidad de escuchar las voces de los viejos "guías" indígenas que me hablaron del pasado, del presente y del futuro, y de entablar diálogos con parientes míos fallecidos de cuya existencia no tenía ninguna idea.

Varias veces he estado en salas de un hospital viendo morir a diversas personas, mientras que otras, aquejadas de males extremadamente graves, lograban restablecerse en poco tiempo. He conocido a personas que no podían caminar recuperarse de su dolencia en cuestión de días. Incluso he conocido personas que afirman haberse curado de sus reumatismos o de sus artritis por el simple procedimiento de llevar un alambre de cobre en torno a la muñeca... y otros por medio de la sanación mental. Parientes y amigos íntimos me han contado cómo desaparecieron súbitamente las verrugas de sus manos. Estoy también familiarizado con varias personas que se dejan morder por serpientes venenosas y, sin embargo, siguen viviendo; así como con otros cientos de relatos e historias sobre curaciones y acontecimientos misteriosos.

Adicionalmente, me he hecho conocedor de vidas de grandes hombres y mujeres de la historia, y me he entrevistado con destacadas personalidades de nuestro tiempo, notables en diversos aspectos de la actividad humana. A menudo, me he preguntado las causas que han hecho posible el ascenso de estas personas hacia la cumbre. He visto a entrenadores de fútbol y de béisbol tomar bajo su dirección a jugadores malos e infundirles ese "algo" que les hacía ganar los partidos. Y en los peores días de la depresión económica, vi comercios quebrantados y al borde de la ruina total dar un cambio brusco para comenzar a obtener más beneficios que nunca.

Al parecer, yo nací con una curiosidad sin límites, por lo cual siempre me sentí poseído por un insaciable deseo de buscar explicaciones y respuestas a todo. Ese deseo me ha llevado a lo largo de mi vida a muchos lugares extraños, a conocer casos muy raros y a leer todo libro relativo a religiones, cultos y ciencias físicas y mentales al alcance de mi mano. He leído muchísimos libros sobre psicología moderna, metafísica, magia antigua, yoga, teosofía, cristianismo científico, unidad, verdad, nuevo pensamiento, la teoría de las afirmaciones y autosugestión del psicólogo Coué y muchos otros temas relacionados con lo que yo califico "asuntos de la mente", así como las filosofías y enseñanzas de grandes maestros del pasado.

Algunas de estas lecturas me parecieron meras insensateces; otras, simplemente extrañas; y otras, muy profundas. Así, poco a poco, fui descubriendo que hay un hilo dorado que une todas las diferentes enseñanzas y que las hace útiles y eficaces para aquellos que sinceramente las aceptan y aplican. Ese hilo se puede designar con una simple palabra: fe, creencia o convicción. Es ese mismo elemento, la convicción, lo que permite que los enfermos se sanen mediante la sugestión mental y el que hace posible a muchos otros subir por la escalera del éxito. En general, es la convicción la que produce resultados fenomenales a todos aquellos que le sacan provecho. La convicción es algo que obra milagros, no es cosa que se pueda explicar satisfactoriamente, pero no cabe la menor duda sobre su efectividad. Así, descubrí que hay una magia verdadera en la creencia, y mis ideas comenzaron a dar vueltas en torno al poder mágico del pensamiento y la convicción.

Cuando publiqué la primera edición de *T.N.T.*, yo creí que todo el mundo lo entendería fácilmente, pues era un libro escrito con sencillez. Sin embargo, con el correr del tiempo, me encontré con las críticas de innumerables lectores descontentos, pues, mientras para unos estaba excesivamente condensado y simplificado, para otros era difícil o imposible de entender. Yo había supuesto que la mayor parte de la gente sabía algo sobre el poder del pensamiento, pero pude verificar que estaba equivocado y que eran muy pocos los que poseían algunos conocimientos sobre esta facultad. Posteriormente, a través de mis numerosos años de conferencias en auditorios de clubes, empresas y organizaciones de ventas, descubrí que, aunque la mayor parte de las personas se interesaba vivamente por este tema, era necesario comenzar a explicárselo comenzando por su ABC. Por eso, me decidí a escribir este libro en un lenguaje sencillo, de manera que pueda entenderlo cualquiera, con la esperanza de que ayude a todos los lectores a alcanzar los objetivos de su vida.

La ciencia del pensamiento es tan antigua como el hombre mismo. Los sabios de todas las épocas la han conocido y utilizado. En este libro, lo único que hago es traducir al lenguaje moderno dicha ciencia y exponer, a través de una sencilla interpretación, lo que en la actualidad están haciendo unas cuantas personalidades ilustradas muy notables.

Mi objetivo es sustanciar y esclarecer las grandes verdades que se han venido utilizando y transmitiendo a través de los siglos.

Afortunadamente para el mundo, la gente está empezando a darse cuenta de que, después de todo, hay mucho de verdad en esto de los "asuntos de la mente". Yo considero que hay millones de personas deseosas de comprender plenamente sus principios y comprobar que la mente es una facultad muy efectiva.

Por consiguiente, permíteme empezar relatando unas cuantas experiencias personales con la esperanza de proporcionar una mejor comprensión de esta ciencia del pensamiento.

A comienzos de 1918, desembarqué en Francia como soldado y, por un cúmulo de circunstancias, pasaron varias semanas antes de que recibiera mi pago. Durante ese período, estuve sin dinero para comprar cigarrillos, dulces, chicles y otras cosas, puesto que los escasos dólares que tenía antes de embarcarme hacia Europa los había gastado en la cafetería del barco para aliviar un poco la monotonía del menú que nos servían. Siempre que veía a cualquiera encender un cigarrillo o comer chicle, recordaba que no tenía un centavo en mis bolsillos. Ciertamente, el ejército me daba de comer y me vestía, y me facilitaba una colchoneta para dormir en el suelo, pero, de cualquier forma, me sentía amargado por carecer en absoluto de dinero y no tener medio alguno de obtenerlo. Una noche, marchando hacia el frente en un tren militar, mientras me hallaba impaciente porque dormir era imposible, tomé la determinación de que, cuando me reincorporara a la vida civil, ganaría *mucho* dinero. Todos los patrones de mi vida fueron alterados a partir de aquel instante.

En mi juventud, fui un lector asiduo. La Biblia era obligatoria en el seno de mi familia. Siendo joven, me interesé por la telegrafía sin hilos, los rayos X, los aparatos de alta frecuencia y las manifestaciones similares de la electricidad. Leí todos los libros que pude acerca de tales principios. Pero, aunque logré familiarizarme con términos como radiaciones, frecuencias, vibraciones, oscilaciones, influencias magnéticas y demás, en aquellos días estos conceptos no significaban para mí nada que no correspondiera estrictamente al campo de la electricidad. Sin embargo, empezó a ocurrírseme que había una substancial relación entre el funcionamiento de la mente y las influencias vibratorias eléctricas. Estando a punto de concluir mis estudios de derecho, un profesor me facilitó un viejo libro, *La ley de los fenómenos físicos*, de Thomson Jay Hudson. Lo leí, pero superficialmente. Yo no lo había comprendido o mi entendimiento no estaba interesado ni preparado para captar sus profundos enunciados. Por ello, aquella noche trascendental de la primavera de 1918, cuando decidí ganar mucho dinero, no advertí que estaba cimentando la base de una serie de sucesos que encadenarían las fuerzas que habrían de llevarme a la consecución de mi propósito. A decir verdad, jamás se me ocurrió pensar que aquel pensamiento y mi convicción de llevarlo a cabo pudieran constituirse en mi verdadera fortuna.

Entre las clasificaciones del ejército, mi nombre figuraba con la profesión de periodista. Aunque había asistido a unos cursos de capacitación del ejército para formarme como oficial, los cursos fueron interrumpidos poco antes de poder completarlos por la orden de embarque; la mayoría de nosotros desembarcamos en Francia como soldados. Sin embargo, me consideraba como un periodista calificado y estimaba que mi puesto se hallaba en los servicios de propaganda del ejército. Pese a ello, fui asignado como los demás: a empujar carretillas y a transportar municiones con los reclutas. No obstante, una noche, mientras me hallaba en un depósito de municiones próximo a Toul, empezaron a desencadenarse las cosas. Se me ordenó que me presentase ante el oficial de la sección, quien me preguntó si conocía a alguien del Cuartel general del Primer ejército. Le dije que no conocía a nadie y que ni siquiera sabía dónde estaba situado el tal cuartel. El oficial me ordenó que me presentara allí. Pusieron un coche y un chofer a mi disposición, y a la mañana siguiente aparecí en el Cuartel general del Primer ejército, en donde se me encargó la elaboración de un boletín de operaciones que debía aparecer diariamente. Estaba a las órdenes directas de un coronel.

Durante los meses que siguieron, pensé con frecuencia que tenía derecho al rango de oficial por los estudios que había realizado. Entonces, los eslabones comenzaron a organizarse como en una cadena. Un día, se recibieron órdenes para que pasara a trabajar en el *Starts and Stripes*, el diario del ejército. Hacía tiempo que yo ambicionaba entrar allí, pero no había dado paso alguno para lograrlo. Al día siguiente, mientras me preparaba para ir a París, fui llamando por el coronel, quien me mostró un telegrama firmado por el ayudante general del Gran cuartel, preguntándole si estaba disponible para confiarme el grado de oficial y conferirme mando. El coronel me preguntó si prefería el grado o si deseaba ingresar en el *Stars and Stripes*. Como la guerra estaba a punto de terminar y a mí me agradaba hallarme con otros periodistas, dije que prefería el diario. Jamás supe quién hizo que me enviaran el telegrama, pero, evidentemente, algo trabajó en mi favor.

Llegado el armisticio, mis deseos de dejar el ejército se iban intensificando cada día. Deseaba comenzar a hacer mi fortuna, pero el *Stars and Stripes* no cesó de publicarse hasta el verano de 1919. Solo regresé a la patria hasta el mes de agosto. Sin embargo, las fuerzas que yo inconscientemente había puesto en marcha ya comenzaban a actuar en mi favor para ayudarme a lograr una sólida posición económica. A las nueve y media de la mañana siguiente, recibí en mi casa una llamada telefónica del presidente de un famoso club del que yo había sido miembro activo. Me dijo que me pusiera en contacto con cierto importante hombre de negocios especializado en cuestiones bancarias que había leído la noticia de mi regreso y deseaba hablar conmigo antes de que me reincorporara a la vida periodística. Llamé al hombre en cuestión y, a los dos días, inicié mi nueva carrera como bancario, que más adelante me condujo a la vicepresidencia de una importante firma.

Aunque al principio mi salario era insignificante, pronto advertí que me hallaba en el negocio que me brindaría numerosas oportunidades para hacer dinero. Por supuesto, ignoraba cuáles serían esas oportunidades y cómo ganaría el dinero, pero yo sabía que conseguiría esa fortuna que ambicionaba. Y sí, en menos de diez años no solo la obtuve, y de gran tamaño, sino que ya era un importante accionista de la corporación y obtenía considerables beneficios. Durante aquellos años, predominaba en mi mente el cuadro mental de la riqueza.

Muchas personas, en sus momentos de abstracción o mientras están hablando por teléfono, hacen garabatos sobre un papel, dibujan cosas caprichosas o escriben determinadas letras y palabras. Mi garabateo sobre el papel siempre eran los mismos $$$$$$$$ signos de dólares. Todos los papeles de mi escritorio estaban llenos de tales signos, las tarjetas inservibles, el dorso de mis libretas de anotaciones, las guías telefónicas e incluso los sobres de la correspondencia que había recibido. Declaro todo esto a mis lectores, porque mi historia sugiere una mecánica a emplear para la utilización de este poder mágico como luego explicaré detalladamente.

Durante los últimos años, he podido comprobar que los principales problemas que agobian a la gente son de carácter financiero. En los días de la posguerra, cuando impera la más intensa competencia, son millones de personas las que deben enfrentarse a tal problema. Sin embargo, esta ciencia podrá ser efectiva para lograr el objetivo que se desee, cualquiera que sea. Permíteme que, a este respecto, les cuente otra de mis experiencias.

Poco después de que se me ocurriera la idea de transcribir mi primer libro y antes de que emprendiera la tarea de escribirlo, decidí efectuar un viaje al Oriente y me embarqué en el *Empress of Japan*, un buque famoso por su excelente cocina. En mis viajes por Canadá y Europa, me aficioné al consumo de un queso llamado "trapista" que fabricaban los monjes de Quebec, y cuando descubrí que no figuraba en el menú a bordo, me quejé en broma de tal ausencia ante el *maitre* del comedor, diciéndole que me había embarcado en aquella nave con el propósito de comer queso "trapista". Me contestó que lo lamentaba mucho, pero que no había ni una sola pieza a bordo. Una noche, después de una reunión en el salón de fiestas, cuando volví a mi cabina pasada ya la medianoche, vi que en el camarote del capitán había una mesa puesta y, en el centro de ella, un enorme queso "trapista". Pregunté al jefe de los mozos de dónde había salido aquel queso y me contestó: "Creíamos estar seguros de que no había ninguno a bordo, pero, al mencionarlo usted, decidimos buscar cuidadosamente por toda la nave. Finalmente, encontramos una pieza en el fondo de la despensa de reserva". Así también, en aquel viaje, las cosas salían conforme a mis aspiraciones. Aun cuando no tenía derecho alguno a un trato especial, en adelante me senté a la mesa del capitán y fui su huésped durante casi todo el viaje.

Como es natural, el trato que me dieron me causó una gran impresión y ya en Honolulú pensé que sería agradable recibir las mismas atenciones en el viaje de regreso. Una tarde, tuve el repentino impulso de partir hacia mi país. Ya era casi la hora de cerrar la oficina de la compañía cuando llegué para ver qué pasaje podía conseguir. Me informaron que a las doce del día siguiente salía un barco y que quedaba una única cabina disponible. Me quedé con ella y, al día siguiente, poco antes de la hora de partida, subía por la planchuela del buque, diciéndome: "Bueno, te trataron como a un rey en el *Empress of Japan*. Lo menos que puedes hacer aquí es comer en la mesa del capitán. Sin duda, te sentarás en esa mesa".

El buque se puso en marcha y, mientras salíamos del puerto, un mozo advirtió a los pasajeros que pasaran al comedor para señalarles su lugar en la mesa. Al pedirme mi pasaje, lo miró y dijo: "¡Ah, sí! Mesa A, asiento Nº 5". Era la mesa del capitán y yo me sentaba frente a él.

Muchas cosas amables sucedieron en aquel viaje. Entre otras, una fiesta dada en mi honor con motivo de mi cumpleaños. Fue idea del capitán, pese a que mi cumpleaños... lo había celebrado ya unos meses antes.

Posteriormente, cuando me dediqué a dar conferencias, pensé que convendría conseguir una carta del capitán explicando lo ocurrido. Le escribí y recibí su respuesta que decía:

> *Ya sabe usted que, en la vida, a veces inconscientemente, se nos ocurre que debemos hacer esto o lo otro. Aquel mediodía yo estaba sentado a la puerta de mi cabina observando a los pasajeros que llegaban al barco. Cuando apareció usted en la planchada, pensé que debía sentarse a mi mesa. No pude explicarme el motivo. Lo hice del mismo modo inexplicable con que, en muchas ocasiones, arrimó el barco al costado del muelle, en el punto exacto y al primer intento.*

No faltaron personas que, al oír este relato —de las que no saben nada sobre el poder mágico de creer— me dijeron que se trataba de una mera coincidencia. Con todo, yo estoy seguro de que no fue así y también estoy convencido de que el capitán, que sabe mucho de esta ciencia, está de acuerdo conmigo. Yo no me diferenciaba en nada de los demás, era uno más entre los muchos pasajeros que subían a bordo de su barco. Mis ropas no me destacaban tampoco ni había nada en mi apariencia que me hiciera singular.

Al explicar esta ciencia, no ignoro que el tema ya ha sido examinado desde muchos ángulos que van desde el enfoque religioso al metafísico, pero también sé que hay muchas personas que evitan todo lo que sea religioso o metafísico, o que pertenezca al ocultismo. Por consiguiente, hago la exposición en el lenguaje de un hombre de negocios que está convencido de que, pensando con sinceridad y escribiendo clara y sencillamente, se puede transmitir cualquier mensaje.

Seguro han escuchado decir que, cuando se está convencido de poder hacer una cosa, se consigue hacerla. Un viejo proverbio latino dice: "Cree que lo tienes y lo tendrás". La convicción es la fuerza motora que permite a cualquiera alcanzar sus metas. Si alguien está enfermo y sus pensamientos o creencias logran inducirle a la convicción de que se va a curar, empezará a atraer todas las probabilidades de sanar a su favor. Es la propia convicción o la confianza fundamental la que hace efectivos todos los resultados materiales. Desde luego, hablo de cosas factibles en las personas normales, mentalmente equilibradas. No quiero decir que un paralítico de repente pueda destacarse jugando al fútbol o que una persona sin estudios pueda ganar milagrosamente el premio Nobel de Física, porque todas las probabilidades están en su contra. Sin embargo, incluso tales casos pueden suceder, pues es factible que se produzcan curas asombrosas y cambios sorprendentes. Creo firmemente que, cuanto más aprendamos sobre la ciencia del poder del pensamiento, así mismo seremos testigos de muchas de las curaciones que hoy parecen imposibles a los médicos y a la ciencia ortodoxa. Finalmente, nadie debe sentirse desanimado por nada, ya que en esta vida todo puede suceder y la fe y la esperanza actúan como los factores más positivos para que se produzcan los milagros.

El doctor Alexander Cannon, un distinguido médico y hombre de ciencia británico, cuyos libros sobre el pensamiento han suscitado grandes polémicas en todo el mundo, afirma que, a pesar de que hoy el hombre al cual se le amputa una pierna no logra hacer que le crezca otra (como les sucede a los cangrejos cuando pierden una de sus patas), podría conseguirlo si la mente humana no rechazara sistemáticamente tal posibilidad. Dicho eminente hombre de ciencia sostiene que, si en las capas más profundas del subconsciente se consigue cambiar el modo de pensar, el hombre podrá hacerse crecer una nueva pierna con la misma facilidad con la que lo consiguen los cangrejos. Sé que tal declaración podrá parecer absurda y hasta increíble, pero ¿cómo podemos estar seguros de que no ocurrirá así algún día?

Con frecuencia, ceno con un grupo de amigos, la mayor parte de ellos especialistas en diversas ramas de la clínica y la cirugía, y me consta que, si yo les expusiera muchas de mis ideas, algunos sugerirían que se me hiciera un riguroso examen por parte de varios médicos psiquiatras para confirmar si estoy en mis cabales. Sin embargo, he podido advertir que algunos de ellos, especialmente los más jóvenes recién salidos de nuestras mejores facultades, ya no cierran los ojos y los oídos a estos argumentos relativos a la parte vital que juega el pensamiento, no solo para provocar determinadas enfermedades y trastornos orgánicos, sino también en la curación de estos.

Pocas semanas antes de escribir este libro, un vecino mío vino a explicarme cómo le habían desaparecido sus verrugas. Estaba internado en un hospital y había salido al corredor en donde se encontró con otro convaleciente que estaba charlando con un amigo. Este le decía al otro: "¿De manera que quiere librarse de las verrugas que tiene en las manos? Bueno, pues déjeme que las cuente y enseguida desaparecerán". Mi vecino me contó que se quedó mirando al desconocido durante unos momentos y que luego le dijo: "Puesto que está en eso, ¿no quisiera contar también mis verrugas?". El hombre accedió y mi vecino se olvidó del asunto hasta que, al día siguiente, al mirarse las manos, advirtió que las verrugas habían desaparecido.

Yo referí esta historia a un grupo de doctores expertos en la cuestión, y uno de ellos, íntimo amigo mío, famoso especialista, vociferó diciendo: "¡Absurdo!". No obstante, frente a él estaba sentado otro doctor, profesor de una facultad de medicina, quien vino en mi ayuda diciendo que había numerosos casos de curación de las verrugas por sugestión debidamente comprobados por la ciencia.

Aunque me sentí tentado a preguntar si alguno de ellos sabía que, en enero de 1945, la Facultad de Medicina de la Universidad de Columbia había creado la primera clínica de medicina psicoanalista y psicosomática del país, con el propósito de estudiar la mente subconsciente y las relaciones entre el espíritu y el cuerpo, guardé silencio, pues eran demasiado escépticos en conjunto para mantener una discusión frente a todos ellos. Con todo, estaba seguro de que muy pocos de ellos recordaban que, varios años atrás, las revistas informaron cómo Heim, un geólogo suizo, había logrado suprimir las verrugas por mera sugestión, citando asimismo el procedimiento del profesor Block, otro especialista suizo que empleaba efectivamente la psicología y la sugestión con el mismo propósito.

Con posterioridad a la mencionada conversación, han sido muy difundidos los hallazgos del doctor Frederick Kalz, notable autoridad médica canadiense, quien afirma rotundamente que la sugestión llega en algunos casos a curar verrugas de tipo infeccioso provocadas por virus. En un artículo publicado en el "Canadian Medical Association Journal", en 1945, el doctor Kalz dice:

> *En todos los países del mundo se conocen ciertos procedimientos 'mágicos' para curar las verrugas... los cuales van desde cubrirlas con tela de araña hasta enterrar huevos en un cruce de caminos durante la luna llena. Todos esos procedimientos mágicos son eficaces si el paciente cree en ellos.*

Al referirse al tratamiento de ciertas enfermedades de la piel, expresa: "Frecuentemente, he prescrito un ungüento para aplicarlo mientras se pronuncian ciertas palabras mágicas, cosa que no solo me ha dado resultado a mí, sino también a otros médicos, provocando rápidas curaciones". Él destaca también que la sugestión opera en la terapia de los rayos X, que cura incluso cuando el especialista no le da energía al aparato. Los experimentos realizados con sesiones simuladas de rayos X permitieron confirmar esta observación. En los trabajos efectuados sobre el particular por el doctor Kalz hallamos ejemplos del poder mágico del pensamiento, el cual logra curar verrugas y enfermedades de la piel, entre otras, por la sola fuerza de la sugestión.

En otra ocasión, charlábamos mis amigos médicos y yo en torno al problema de la telepatía, y yo les dije que nuestros mejores eruditos y hombres de ciencia creían en ella, mencionando además el nombre del doctor Alexis Carrel, miembro emérito del Instituto Rockefeller. Carrel no solo creía en la telepatía, sino que afirmaba la existencia de pruebas científicas definitivas sobre la capacidad humana para transmitir su pensamiento a otros cerebros, incluso a grandes distancias.

"¡Oh! Carrel es simplemente un viejo víctima de la sensibilidad", exclamó uno de los especialistas que tomaba parte en el debate. Sin embargo, él fue un médico ampliamente conocido en todos los Estados Unidos.

Lo miré con asombro, pues las ideas mencionadas fueron expuestas por Carrel en un libro notable, *La incógnita del hombre*, publicado en 1935, fecha en la que ya Carrel estaba considerado como uno de los hombres de ciencia e investigadores más destacados del mundo. No está de más recordar que recibió el Premio Nobel de la Paz por sus trabajos científicos.

No es que yo trate de formular críticas a los miembros de la profesión médica. Al contrario, sé que la mayoría de sus miembros generalmente son capacitados, competentes y facultativos de una amplia mentalidad. Un buen número de ellos son buenos amigos míos. Sin embargo, he relatado lo anterior para destacar el hecho de que algunos médicos, particularmente aquellos que restringen sus estudios al campo de alguna especialidad, se niegan a admitir cualquier cosa que no se halle comprendida en la formación que adquirieron en su juventud o en sus polarizados dogmas. Esta actitud no se halla solamente en médicos, pues hay incontables especialistas de otras actividades, sin excluir a los hombres de negocios, que saben muy poco acerca de las ciencias que no estén relacionadas con su esfera de acción, y cuyas mentes se resisten a admitir cualquier conocimiento que esté por fuera del marco de su limitado entendimiento. Muchas veces he ofrecido libros de selectos conocimientos a muchas personas de las que he obtenido una respuesta casi invariable después de informarles sobre su excelente contenido: que no les interesa.

Esa es la paradoja. Muchas personas aparentemente cultivadas intelectualmente condenan las ideas sobre el gran poder del pensamiento y no harán el menor esfuerzo para informarse sobre esta materia. Y, sin embargo, todas ellas han hecho y hacen un uso subconsciente de dicha facultad. Por otra parte, hay mucha gente que solo cree lo que desea creer o aquellas cosas que encajan dentro de su restringido esquema, y rechazan todo lo que parezca oponerse a sus conceptos. Casi todos los grandes hombres cuyas ideas dieron origen al desarrollo de la civilización en la que hoy vivimos fueron perseguidos, atacados e incluso crucificados por quienes ignoraban sus respectivas épocas. Mientras escribo este libro, tengo presentes las palabras de Marie Corelli, la novelista inglesa que alcanzó fama en el siglo XIX:

> *La mera idea de que cualquier criatura (humana) pueda ser lo bastante afortunada para lograr determinada superioridad sobre los demás, pese a la indolencia e indiferencia generales, basta para excitar la envidia de los mediocres o la cólera de los ignorantes... Es imposible que los mediocres y los ignorantes logren penetrar o comprender la naturaleza místico-espiritual del mundo que los rodea, por lo cual todas las enseñanzas de los principios sobre la naturaleza espiritual del universo serán un libro cerrado para ellos; libro, además, que muy rara vez se atreven a abrir ni a leer. Por esa razón, los sabios han ocultado la mayor parte de sus profundos conocimientos al público, porque con justeza reconocieron en este las limitaciones de sus estrechas mentalidades y los absurdos conceptos de sus prejuicios... El necio suele reírse de lo que no logra comprender, creyendo ingenuamente que, con su burla, demuestra alguna superioridad, en lugar de advertir que con ella solo descubre su insolente estupidez.*

Sin embargo, en la actualidad hay grandes investigadores y pensadores de talla mundial que discuten libremente sus estudios y los resultados de sus experiencias sobre estos temas. Charles P. Steinmetz, prestigioso ingeniero de la compañía General Electric, declaró poco antes de morir: "Los progresos más importantes que se harán en los próximos cincuenta años serán los relativos al mundo del espíritu y del pensamiento". Y el doctor Robert Gault, profesor de Psicología de la Northwestern University, formuló no hace mucho el siguiente enunciado: "Nos hallamos a punto de traspasar con nuestros conocimientos el umbral de los latentes poderes psíquicos del hombre".

Mucho se ha escrito y dicho sobre las fuerzas espirituales, los poderes desconocidos del ocultismo, la metafísica, la física mental, la psicología, la magia y temas afines que hacen pensar a muchos estudiosos que pertenecemos al reino de lo sobrenatural. Tal vez sea cierto eso, pero mi teoría personal es que la única explicación sobre todos estos poderes queda supeditada al siguiente principio: que solamente la fe, las creencias o las convicciones convierten estos poderes en realidades.

Durante los muchos años que llevo dando conferencias en clubes, organizaciones comerciales y ante los micrófonos de la radio para instruir a millares de personas sobre esta ciencia, he sido testigo de innumerables resultados que pueden considerarse fenómenos maravillosos.

Y como ya lo dije anteriormente, muchas personas que han aplicado esta poderosa facultad en sus negocios duplicaron, triplicaron o multiplicaron sus ingresos. He sido testigo de algunos que han logrado grandes fortunas. Mis archivos están llenos de cartas de personas de todas las clases y posiciones dando testimonio de que han recurrido a esta ciencia y han obtenido notables éxitos.

Por ejemplo, puedo citar a Ashley C. Dixon, cuyo nombre es conocido por millares de radioescuchas, quien hace algunos años me escribió espontáneamente para decirme que mi procedimiento le había permitido ganar más de cien mil dólares. Me dijo que había estudiado la cuestión de una manera académica, pero que jamás había llegado a creer hasta que tuvo los cuarenta y tres años, cuando, solo con sesenta y cinco dólares como único patrimonio (sin empleo ni perspectivas de conseguir alguno), comenzó a demostrarse a sí mismo que dicha ciencia da resultados. El señor Dixon me ha autorizado para dar a conocer su carta, de la cual reproduzco los párrafos siguientes:

Entonces descubrí su libro T.N.T, que expone en forma comprensible y aplicable todo cuanto sabía anteriormente sobre el tema. Fue algo así como ver las cataratas del Niágara por primera vez. Uno sabe que existen, pero no confirma que conoce su magnitud hasta que las ve. Y así, su T.N.T me reveló con toda claridad las cosas que yo conocía y que incluso había utilizado. Era algo que yo podía leer y aplicar día tras día... ¿Cuánto me ha rendido esto en dólares y centavos? Es la pregunta normal del hombre de la calle. ¿Desea ver cifras en la columna de los beneficios? Bien, pues esta es la respuesta: Desde que tenía cuarenta y tres años en aquel momento en que me hallaba en la miseria y necesitando incluso conseguir alimentos para mi familia, he conseguido cien mil dólares. Vendí mi negocio que me costó cinco mil dólares —que me prestaron al comenzar— por treinta mil y ahora trabajo en otro que vale cincuenta mil. Es decir, cincuenta mil si quiero traspasarlo y mucho más si decido seguir en él. No es jactancia. Es una exposición fiel de lo que he logrado en los últimos diez años... Algo que no se puede lograr en un día ni en un mes, pero que se puede lograr.

En 1934, durante la fase más grave de la llamada depresión o crisis económica, el jefe del Better Business Bureau de una gran ciudad norteamericana se enteró de lo bien que les iban las cosas a las firmas y a las personas que seguían mis enseñanzas. Decidió informarse del asunto. Más adelante, me felicitó públicamente y me escribió la siguiente carta:

Mi afirmación de que sus enseñanzas han sido el factor determinante para estimular los negocios en esta empresa, de un modo superior a lo logrado antes por cualquier procedimiento, se basa en las declaraciones de los numerosos ejecutivos de la firma que las han empleado con éxito... Cuando me enteré por diversos testimonios de hombres de otras empresas de los resultados fenomenales que estaba usted obteniendo, me incliné a estudiar los hechos —que parecían demasiado prodigiosos para que fueran ciertos—; pero al hablar con los jefes de las empresas que utilizaban sus enseñanzas y con los vendedores que habían duplicado y triplicado sus ingresos, así como al escuchar los informes de quienes asistían a sus conferencias, advertí claramente que la impresionante y dinámica fuerza que se materializaba con esa teoría no es cosa que todos podamos comprender inmediatamente, pero las empresas y los individuos que sigan sus sugerencias pueden esperar con seguridad llegar a obtener resultados extraordinarios y sorprendentes. Usted ha demostrado plenamente lo dicho y, por consiguiente, debo felicitarlo por haber comunicado a los demás la gran importancia de lo descubierto por usted.

Desde entonces, el autor de esta carta ha alcanzado las máximas alturas en el mundo de los negocios, y recientemente me escribió otra carta relatándome otros casos presenciados por él, confirmando la eficacia de esta ciencia.

Cuando empecé a escribir este libro, decidí ponerme en contacto con empresas y personas que previamente me habían escrito certificándome los resultados extraordinarios obtenidos por medio de la ciencia de la convicción. Y, sin excepción, todos ellos me escribieron diciéndome que los progresos obtenidos desde entonces fueron aumentando a un ritmo creciente. Uno de ellos, Dorr Quayle, cuyo nombre es popular entre los veteranos de guerra norteamericanos, me escribió en 1937:

No fue cosa fácil al principio admitir totalmente sus ideas, pero mis circunstancias y mi estado físico me forzaron a analizarlas continuamente hasta que llegué a comprenderlas. Lo cual, en sí, ya era en cierto modo una ganancia. En febrero de 1924, me vi afectado por una parálisis de la cintura para abajo que me obligó a utilizar muletas para andar. Para un hombre como yo, que había desplegado gran actividad en el mundo de los negocios —director de banco—, aquella forzosa inactividad resultaba insoportable. En el orden económico, solo podía soportarla porque recibía una pensión de nuestro gobierno, ya que mi parálisis era consecuencia directa de los servicios prestados en campaña durante la Primera Guerra Mundial. Pero en

1933, los funcionarios del gobierno dejaron de considerarlo así y me fue suprimida la pensión. Así que tuve que pensar en ganarme la vida. Mi casa y las pocas propiedades que tenía estaban tan hipotecadas que prácticamente ya no me pertenecían. Las perspectivas no tenían nada de agradables, ni el futuro me ofrecía esperanzas de ninguna especie. La necesidad me obligó a poner en práctica los principios tan brillantemente expuestos por usted. Y, al hacerlo, hallé la comprobación de su veracidad. Posiblemente me favoreció algo el hecho de que seguí el camino de mis actividades anteriores debido a que mi incapacidad física me impedía orientarme en otra dirección. Pero la persistencia da confianza y ahora sé que una actitud mental justa seguida por una acción consistente engendra el éxito. Yo todavía no he alcanzado el éxito que deseo lograr, pero eso no me preocupa, ya que en la actualidad vivo bien, he salvado mis propiedades y conozco la fórmula que conduce al éxito total. Cuando uno tiene bien arraigado ese conocimiento, todo temor desaparece y las cosas marchan a nuestro favor.

Cuando me encontré con el señor Quayle por primera vez, hacía poco había iniciado su nuevo negocio con un escritorio en el rincón de una plomería. En los años siguientes, fue para mí de gran satisfacción verle cambiar de lugar sucesivamente, pues sus asuntos prosperaban a saltos visibles. Hoy día, él ocupa toda la planta baja de un rascacielos y su establecimiento es el más importante en su género de toda una gran ciudad norteamericana. Comprendiendo que su historia y su éxito eran notables, le pedí permiso para dar a publicidad su carta anterior, a lo cual me respondió:

Por supuesto. Hágalo si considera que con ello ayuda a otros. Y, de paso, puede agregar que ahora ocupo un amplio local y que tengo veintidós empleados, y que voy a construir un edificio propio en uno de los lugares más céntricos de la ciudad. Tengo el más sincero deseo que todo el mundo conozca sus enseñanzas.

Cuando descubrí la ciencia de la que hablo, no tenía la más remota idea de escribir un libro. Mi primer pensamiento fue utilizarla en mi propio beneficio para salvar de la bancarrota a mi organización. Yo era entonces vicepresidente de un banco muy conocido. La crisis nos había aplastado y estábamos aproximándonos al desastre total. No sé si estuve inspirado o no, lo que sí puedo decir es que dicté el primer borrador de *T.N.T* en su totalidad en el escaso lapso de cinco horas, sin tener notas ni referencias de ninguna especie. Al mismo tiempo que se me ocurrió la idea del libro, comenzó a flotar en mi mente la expresión "conciencia cósmica", pero en aquel entonces no significó nada para mí. Sólo después de haber publicado mi *T.N.T. El poder está en tu mente* y cuando el libro llegó a manos de una escritora que vivía en Nueva York, comprendí el significado de tal expresión. Ella me escribió lo siguiente:

> *Durante los últimos diez años he venido devorando esa filosofía —la esbozada en TNT— y gracias a ella pude instalarme en Nueva York, vender más trabajos a los editores, hacer dos viajes a Europa y comprarme zorros plateados. Todo ello después de haber estado durante muchos años como una empleada de treinta dólares por semana.*

En la misma carta, me invitaba a que leyera el libro *Conciencia cósmica*, del doctor Richard Maurice Bucke, refiriéndome que en él figuraban brillantes relatos sobre experiencias de inspiración súbita. Lo leí y me quedé sorprendido al ver que lo que me había sucedido a mí al ocurrírseme escribir en cinco horas mi libro era un caso semejante a los muchos otros que relataba el autor. En el primer manuscrito, describí detalladamente mi inspiración, expresando que me sentí iluminado por la percepción e influencia de una "brillante luz blanca", pero luego desistí de exponerlo así cuando, después de leerle el manuscrito a un íntimo amigo, me insistió para que cambiara la frase, diciéndome: "La gente no comprenderá de qué estás hablando ni qué significa esa 'luz blanca', e incluso es posible que algunos piensen que estás loco". Por consiguiente, cambié la frase en cuestión; sin embargo, aquellos de mis lectores que sepan algo sobre la "iluminación cósmica" entenderán mi referencia a esa luz de que hablo, aun cuando, siguiendo el consejo de mi amigo, solo hice una obscura referencia a la misma en mi primer trabajo. De todos modos, siempre quedará en mi memoria esa extraordinaria experiencia por la que pasé en aquellos instantes que duró mi percepción de esa luz que, en un breve momento, me transmitió una mayor sabiduría y comprensión de lo que había logrado atesorar a lo largo de muchos años de lectura y estudio.

Fue en ese mismo instante cuando, con la claridad y velocidad de un relámpago, comprendí que mi empresa no marchaba al desastre por causas ni acontecimientos externos, sino exclusivamente debido a la actitud mental de sus integrantes y empleados. Todos nosotros estábamos sucumbiendo bajo el peso de nuestros temores y pensamientos pesimistas; temíamos que la depresión no solo debilitaba nuestros espíritus, sino que nos llevaba cuesta abajo hacia el desastre financiero. En realidad, éramos nosotros, con nuestro pesimismo e ideas de ruina, los que estábamos provocando el desastre. Se me ocurrió que todo lo que debía hacer para salvar la empresa y enfrentar con éxito la depresión era cambiar los pensamientos de todas las personas que trabajaban en nuestra organización. Puse entonces manos a la obra, y tal como escribió en el prólogo de mi obra Frank W. Camp, se obtuvieron "las más extraordinarias transformaciones tanto en los individuos como en la organización misma".

Sé que algunas de mis afirmaciones pueden ser objeto de burla por parte de algunos psicólogos escépticos. Pero, de cualquier modo, hay actualmente en Norteamérica millares de personas que constituyen una prueba tangible y cotidiana de la eficacia de esta conciencia cósmica. En cuanto a ti, lector, el punto principal consiste en saber si te será o no útil, y para saberlo, el único medio que se te ofrece es hacer la prueba.

Al emplear esta ciencia que te ofrezco, con la seguridad absoluta de que te dará resultados, la emplees como la empleares, deseo repetirte una advertencia que ya formulé en mi primer trabajo: jamás la utilices para hacer daño, ni con malas intenciones o con propósitos perversos.

Desde el principio, la humanidad siempre pudo disponer en este mundo de dos fuerzas sutilmente en lucha: el bien y el mal. Ambas son extraordinariamente poderosas, y tienen sus respectivos ciclos y alcances. El principio básico que las activa es la energía procedente del poder mental. A veces, parece imponerse el mal; otras veces es el bien el que predomina. Este poder mental del que hablo ha construido imperios y también ha confirmado que puede concebir los medios para destruirlos. La historia registra innumerables referencias de tales hechos.

Si lees este libro de manera reflexiva, comprenderás que esta ciencia puede emplearse como una terrible fuerza destructora y también para alcanzar muy buenos objetivos, benéficos y constructivos. Es algo así como el uso de los elementos naturales. Algo similar, por ejemplo, al empleo del agua y del fuego, que figuran entre los más esenciales recursos de los que se sirve la humanidad. Son altamente beneficiosos, pero también pueden ser catastróficos, pues todo depende de que sean utilizados con buenas o malas intenciones.

Por consiguiente, ten mucho cuidado de no hacer un mal empleo de las energías mentales que tienes ni de la que vas a adquirir. No insistiré jamás lo suficiente sobre esto, porque si las utilizas con malos propósitos, pueden revertirse en un fatal búmeran que te destruya, así como han destruido a muchos otros en diferentes épocas de la historia. Y nadie crea ingenuamente que estas son palabras ociosas, pues se trata de una grave y solemne advertencia.

Capítulo 2

Los experimentos de la mente

Con el objetivo de comprender mejor este tema, el lector debe reflexionar sobre lo que es el pensamiento en sí y sus fenómenos. Nadie sabe lo que el pensamiento es realmente, además de definirlo como cierta actividad mental. Pero, así como el desconocido elemento de la electricidad, vemos sus manifestaciones por todas partes. Vemos al pensamiento en las acciones y expresiones de un niño, de un hombre de edad, en animales y, en grados diferentes, también en las cosas vivas que nos rodean. Entre más examinamos y estudiamos el pensamiento, más nos damos cuenta que es una fuerza excepcional y cuán ilimitados son sus poderes.

Mira a tu alrededor mientras lees esto. Si estáis en una habitación con muebles, tus ojos te dirán que estás contemplando una serie de objetos inanimados. Esto es verdad en lo que concierne a la percepción visual, pero en realidad estás contemplando innumerables pensamientos o ideas que se han materializado por medio de la labor creadora de algún ser humano. Esos objetos antes fueron ideas, a las cuales después se les dio la forma útil o estética que representan. Aquellas ideas se convirtieron en vasos, jarrones, cortinas, muebles, etc.

El automóvil, los rascacielos, los grandes aviones que atraviesan los aires, la máquina de coser, el minúsculo alfiler y otros miles de cosas (sí, millones de objetos), ¿de dónde salieron? Solo de una fuente: de esa sorprendente facultad que llamamos el pensamiento. A medida que analizamos esta poderosa facultad, nos vamos dando cuenta de que todas sus realizaciones y, en realidad, todo cuanto poseemos, surge a la vida como resultado de algún pensamiento creativo. Emerson dijo que el padre de cualquier acción es el pensamiento. Cuando comprendemos esto, empezamos a comprender que, en nuestro mundo, todo se halla gobernado por el pensamiento y que todo cuanto existe tuvo su partida original en la mente. Como dijo Buda hace muchos siglos: todo lo que somos es el resultado de lo que hemos pensado.

Nuestra propia vida la rigen nuestros pensamientos, todo en ella se origina en nuestros propios procesos mentales. Nuestra carne, huesos y músculos pueden quedar reducidos a un 70% de agua y a unos cuantos minerales de escaso valor, pero es la mente y lo que pensamos lo que nos hace actuar y ser lo que somos. El secreto del éxito no está en el cuerpo, sino en la voluntad del hombre, que actúa y procede de acuerdo con sus propios pensamientos.

Esforcémonos por comprender qué es lo que hace gigantes a los pigmeos y, a veces, transforma en pigmeos a los gigantes. La historia está llena de ejemplos que prueban cómo el pensamiento ha convertido a hombres aparentemente débiles en hombres fuertes y a muchos de fuerte aspecto, en hombres débiles.

Ninguno de nosotros comemos, nos vestimos, corremos para alcanzar un bus, damos un paseo o leemos un diario o siquiera movemos un dedo sin que antes hayamos producido el respectivo pensamiento impulsor. Aunque creamos que los movimientos que hacemos son en su mayoría casi automáticos como consecuencia de determinados reflejos físicos, detrás de cada paso que damos en la vida, sea cual fuere la dirección que tomemos, está involucrada nuestra formidable y poderosa facultad del pensamiento.

Nuestro modo de caminar, de hablar, de comportarnos o de vestirnos refleja nuestra manera de pensar. Una apariencia desarreglada es indicio de un pensamiento descuidado, mientras que un exterior ordenado, compuesto, elegante, es reflejo de nuestra fuerza y confianza interior. Lo que mostramos exteriormente, eso es lo que somos por dentro. Somos el producto de nuestros propios pensamientos: lo que creemos ser, eso es lo que somos.

El pensamiento es la fuente originaria de toda riqueza, de todo éxito, de toda ventaja material, de todos los descubrimientos e invenciones y de todas las realizaciones. Sin él, no existirían los grandes imperios, las grandes fortunas, las grandes líneas ferroviarias y aéreas ni las comodidades modernas.

En resumen, sin la evolución del pensamiento, estaríamos sumidos en la más primitiva y tosca de las existencias.

Nuestros pensamientos, aquellos que predominan, son los que determinan nuestro carácter, carrera y vida cotidiana. Solo así es posible comprender lo que significa esa afirmación tan cierta de que los pensamientos de un hombre o mujer lo hacen o lo destruyen. Cuando reconocemos que no puede haber acción ni reacción, tanto buena como mala, sin la energía impulsadora y generatriz del pensamiento, tenemos que recordar las palabras bíblicas que sabiamente expresan: "Lo que siembra un hombre es lo que cosechará" y las de Shakespeare: "No hay nada bueno ni malo, pues solo el pensamiento hace que sean una u otra cosa".

Arthur Eddington, el famoso médico inglés, sostiene que el universo en el que vivimos es creación de nuestros pensamientos. Por su parte, el no menos famoso James Jeans decía que el universo es la creación resultante del pensamiento de una gran mente universal que une y coordina todas nuestras mentes. Nada está más claro que esto: los mejores hombres de ciencia y los grandes pensadores del mundo actual no solo respaldan y proclaman las ideas de los sabios del pasado, sino que confirman el principio en el que se fundamenta este libro.

Desde los comienzos de la raza humana, los hombres han sido guiados por aquellos que supieron lo suficiente sobre el gran poder del pensamiento. Todos los grandes jefes religiosos, reyes, guerreros y estadistas han sido hombres que conocieron esta ciencia y comprendieron que las personas proceden de acuerdo con lo que piensan; y que también reaccionan ante los pensamientos de los demás, especialmente cuando son más fuertes y convincentes que los propios. Por lo tanto, los hombres de poderosa mentalidad dinámica han dirigido a los pueblos imponiéndoles sus pensamientos y conduciéndolos unas veces hacia la libertad y otras a la esclavitud. Hoy más que nunca, estamos en un momento histórico donde es sumamente necesario recapacitar sobre nuestros pensamientos, aprendiendo a utilizarlos para mejorar nuestra posición en la vida, aprovechando el gran poder de esa inmensa fuente de energía que reside en cada uno de nosotros.

Hubo un tiempo en el que yo me hubiera burlado de quien me hubiera hablado de la fuerza magnética del pensamiento, de cómo el pensamiento está relacionado con la acción y los resultados, y de cómo puede afectar a las personas e incluso a las cosas inanimadas, aun empleándose desde una gran distancia. Hoy en día, ya no burlo de esto, ni tampoco se ríen otros que conocen algo de este poder, porque cualquiera con una chispa de inteligencia llega más pronto o más tarde a comprender que el pensamiento es capaz de viajar hasta por los espacios exteriores de nuestro planeta.

George Russell, famoso poeta y editor irlandés, decía que nos convertimos en lo que nos imaginamos. Indudablemente, llegamos a ser lo que deseamos ser y él lo demostró, por cierto, llegando a ser un escritor, conferenciante, pintor y poeta.

Con todo, no debemos olvidar que muchos de los pensamientos que tenemos no son propios. Estamos también modelados e influenciados por los pensamientos de los demás, por lo que oímos en nuestra vida social, por lo que leemos en los diarios, revistas y libros, por lo que vemos en el cine y oímos en la radio, e incluso por las conversaciones que escuchamos ocasionalmente al pasar por una calle o en el autobús. Y esos pensamientos nos someten a un bombardeo constante de ideas. Algunos de ellos concuerdan con nuestros pensamientos más íntimos e incluso amplían nuestra visión de la vida y nos son muy útiles. En cambio, otros nos trastornan, debilitan la confianza que tenemos en nosotros mismos y nos desvían de nuestros objetivos. Esos pensamientos ajenos son los que más nos perturban. Más adelante, les enseñaré la manera para liberarnos de ellos.

Poca gente le presta atención a la ley de causa y efecto aplicada al funcionamiento de la mente, ni entiende el significado de frases tales como "todas las posibilidades las llevamos en nuestro interior" o "la mente es el origen de una fuerza ilimitada", entre muchas otras. Creo que no se puede dar mejor explicación de esto que insertar aquí un artículo aparecido en el *Comercial and Financial Chronicle*, en su edición del 10 de diciembre de 1932. Dicha publicación, conocida desde hace más de diez años como "la Biblia del comercio y las finanzas", decía en el mencionado artículo titulado "El Dorado":

> *El Dorado, una región rica en oro y piedras preciosas más allá de todo lo imaginado, está al alcance de cada hombre. Tu bienestar está en tus facultades. Tu fortuna al alcance de tu mano. Todo está dentro de ti, nada está fuera, aunque a veces parezca que los hombres y los pueblos por simple suerte, por avaricia o por la fuerza, consigan navegar con todas las velas desplegadas por los tranquilos mares de la prosperidad... Los hombres, individual y colectivamente, tienen el derecho natural a una vida de abundancia. Este es un hecho evidente. La religión y la filosofía así lo afirman. La historia y la ciencia lo demuestran. La ley dice que tienen derecho a vivir y que deben vivir en la abundancia. ¿Qué es lo que quieres? Paga su precio y llévatelo. No hay limitaciones para tus aspiraciones, pero cuanto más preciosas sean las cosas que deseas, mayor será el costo que debes pagar. Siempre deberemos pagar con el oro de nuestro espíritu por todo lo que vayamos obteniendo...*
>
> *¿Dónde podemos hallar el oro del Todopoderoso? Cada cual, al encontrarse a sí mismo, descubre y asegura ese oro espiritual. Al encontrarse a sí mismo, halla la libertad y todas las riquezas imaginables, el éxito y la prosperidad. ¿Palabras altisonantes pero huecas? ¡No!, pues constituyen la*

más palpable evidencia de la historia de los Estados Unidos y de muchos de sus hombres, y en realidad, de toda la historia humana. Tenemos las pruebas concretas en los acontecimientos de cada día, basta con que abramos los ojos y queramos verlas. Jamás se ha conseguido ni se podrá conseguir nada sustancial, duradero, poderoso o conmovedor por parte de los hombres que no supieron descubrir en sí mismos el oro de su espíritu, el cual es el origen de la superioridad, del poder, de la superación y del éxito. Los hombres que se conocen a sí mismos saben perfectamente que todas las cosas materiales tienen como base una contrapartida espiritual. Lo advierten incluso en el dinero y en el crédito. La ley de la oferta y la demanda, por ejemplo, no es un simple principio económico para un hombre activo, sino la manifestación material de una ley espiritual. Tales hombres poseedores de su autonomía ven en acción el mismo principio cuando se trata de la gravitación, de las afinidades químicas, del macrocosmos o del microcosmos...

Norteamérica ha sido el mayor de los mitos de El Dorado, el escenario sobre el cual un gran número de hombres supieron encontrarse a sí mismos y crearse sus bonanzas para navegar con todas las velas desplegadas, enriqueciéndose a sí mismos y a la humanidad. No se trata de exploración, sino de la utilización y manifestación de los dones, fácilmente vislumbrados por los espíritus libres y generosamente distribuidos entre todos los vinculados. Para el hombre que se encuentra a sí mismo y emprende la acción, hay todo el dinero, el crédito y los bienes capitales que desee... Mackay, O'Brien, Hearst y Fair, jóvenes valientes norteamericanos, en 1849 hallaron el oro en sí mismos cuando se dijeron: 'Si ahí hay oro yo tendré mi parte'. Cuán grande debe haber sido la riqueza espiritual de un hombre tan libre como James J. Hill, quien construyó el Great Northern Railroad, una interminable línea ferroviaria que iba a través del desierto desde ningún lugar hacia todas partes, porque tanto desde donde partía como hacia donde llegaba y las vastas tierras que cruzaba no estaban habitadas por nadie. Su locura fundó un imperio. Gracias a su energía espiritual, convirtió los bosques y las llanuras en miles El Dorado; y esa misma energía le consiguió todo el oro y todo el crédito necesario en los mercados de Ámsterdam y Londres, haciendo así posible que millones de norteamericanos descubrieran para sí mismos grandes bonanzas en el frío Noroeste.

Thomas A. Edison dijo pocos años antes de morir: las ideas vienen del espacio infinito. Esto puede parecer sorprendente y hasta imposible de creer, pero es la verdad. Las ideas vienen del espacio infinito.

Por supuesto, Edison sabía lo que decía, pues pocos hombres recibieron e hicieron realidad tantas ideas como él... Que cada hombre busque El Dorado en su interior. El poder es inagotable. Como los padres canónicos de la Iglesia dijeron: todo lo se recibe está de acuerdo con la medida del recipiente. No es el poder lo que falta, sino la voluntad. Cuando uno se encuentra a sí mismo, automáticamente pone su voluntad en marcha hacia El Dorado.

Con una imaginación poderosa y plena se puede dar forma concreta a cualquier deseo. El gran médico Paracelso decía: 'El espíritu humano es tan grande que no hay hombre alguno capaz de expresarlo. Si pudiéramos comprender con exactitud el poder de la mente humana, nada sería imposible para nosotros en la Tierra. Por medio de la fe, la imaginación se fortalece e intensifica, porque en verdad ocurre que cualquier duda aminora su perfección. La fe ha de fortalecer la imaginación por cuanto su convicción fortifica la voluntad'. La convicción es personal, individual. La salvación, bajo cualquier forma que se la encare, es igualmente personal. La convicción proviene del descubrimiento de sí mismo. Y el descubrimiento de sí mismo origina una clara comprensión de la propia identificación con lo eterno. Los hombres fuertes, seguros de sí mismos, construyeron este El Dorado de América. 'Conócete a ti mismo', conoce tu propio ser individual. Esa

> *y no otra es la orden suprema. Quienes logran conocerse a sí mismos excavan en las tierras de El Dorado, beben en la fuente de juventud y son siempre los poseedores de lo que desean tener.*

Merece la pena que volvamos sobre las palabras de Paracelso para estudiarlas, ya que, si entiendes su significado, descubrirás cómo aplicar el principio que contienen, y verás bajo una nueva luz el modo de triunfar en tus empresas. Sin embargo, deseo destacar que el trabajo en sí, por intenso que sea, no basta para lograr el éxito. El mundo está lleno de gente que ha trabajado mucho sin obtener los resultados codiciados. Se precisa algo más que trabajar mucho: se necesita el pensamiento creador y la firme convicción en la propia capacidad para ejecutar las ideas que se nos ocurran. Las personas que han triunfado en las diversas épocas de la historia lo han logrado a través de su pensamiento. Sus manos fueron simples instrumentos de sus cerebros.

Otro punto importante: para el éxito, es esencial que nuestras aspiraciones pasen a ser el punto de inspiración de nuestras vidas. Los pensamientos y objetivos deben estar coordinados para concentrar constantemente su acción hacia el logro del objetivo propuesto. Cualquier cosa que aspiremos ser, lo que pretendamos conseguir, lo conseguiremos con tal de que ese objetivo sea la razón más apasionada de vuestra existencia. Parece algo muy difícil y penoso. No es cierto; mediante el empleo de las fuerzas dinámicas de la convicción y de la fe, es posible poner en marcha todos los enormes poderes que hay en el interior de nosotros, los cuales nos llevarán a la consecución de nuestras metas. Aquellos de mis lectores que están casados recordarán la estimulante y emocionante experiencia de conquistar a la persona elegida. En verdad, probablemente aquella no fue una empresa agotadora y fatigadora, sino, al contrario, algo grato y apasionante para lo cual muchos utilizaron, si no esta misma ciencia que expongo aquí, al menos algunos de sus principios, aunque de una manera inconsciente. El deseo de conquistar a quien nos acompaña en nuestra vida domina sobre los demás pensamientos de la mente cuando la decisión se toma. La convicción de que así sería estaba durante cada minuto del día y quizás hasta en los sueños durante la noche.

Ahora, con una idea más clara de la parte que el pensamiento y el deseo desempeñan en nuestra vida diaria, lo primero que debemos hacer es determinar con exactitud qué es lo que deseamos. La idea general de que queremos tener éxito, como lo hace la mayoría de las personas, es algo demasiado indefinido. Hay que mantener dibujado en nuestra mente el cuadro imaginado de nuestros objetivos. Hay que preguntarse: "¿Qué es lo que persigo? ¿Cuál es mi objetivo? ¿He concebido con exactitud qué es lo que quiero?". Y si el éxito debe medirse en cifras materiales, ¿pueden fijar las cifras exactas que aspiran ganar? Si se trata de mejorar posiciones, ¿pueden especificar exactamente en qué consiste su deseada mejoría con toda precisión?

Propongo estas preguntas porque en las respuestas están los factores que determinarán toda su existencia de ahora en adelante. Sin embargo, por extraño que pueda parecer, ni siquiera una persona de cada cien es capaz de responder a esta pregunta. Las personas en su mayoría tienen la vaga idea general de que les gustaría tener éxito. Ellos se limitan simplemente a dejar transcurrir los días pensando que seguirán teniendo el empleo que ocupan y que, si lo perdieran, obtendrían otro igual, y que ya se les arreglarán las cosas en la vejez. Estas personas son como corchos flotando a la deriva, arrastrados por las diversas corrientes de las aguas que se estrellan unas veces contra las costas y otras veces son absorbidos hacia el abismo por remolinos desconocidos.

Por consiguiente, es vital que sepamos de antemano qué es lo que queremos lograr en la vida. Saber hacia dónde nos dirigimos. Y una vez que lo sepamos, debemos mantener la vista enfocada en el objetivo fijado. Esto, desde luego, constituye el primer paso decisivo y no importa que lo que queramos sea un empleo, otro mejor del que tenemos, una casa en la ciudad, una finca en el campo o simplemente un nuevo par de zapatos. Es preciso tener una idea fija de lo que queremos para poder emprender la tarea de conseguirlo.

Existe una gran diferencia entre una necesidad y un deseo. Por ejemplo, puedes desear un nuevo automóvil para tu trabajo y un automóvil para salir de paseo con la familia. Uno es una necesidad. El otro es para el placer propio y, por tanto, decides obtenerlo cuando se pueda. Para obtener este último coche, debes hacer un esfuerzo extra, porque es algo que jamás tuviste antes, algo que vendrá a sumarse a tus obligaciones y algo que hará buscar en tu espíritu nuevas fuerzas y nuevos recursos fuera de ti. Se trata del deseo de algo nuevo, algo diferente, algo que cambiará tu vida en cierta medida y que impondrá un mayor esfuerzo. Únicamente el poder de creer puede poner en marcha aquellas energías internas por las cuales puedes agregar lo que yo llamo "plusvalía" a tu vida.

Así se comienza con el deseo cuando se espera aumentar los beneficios o ventajas que se quieren disfrutar. Desear es la primera energía generadora en cada uno de nosotros, pues, sin un deseo ardiente, nada puede conseguirse. Sin embargo, como ya hemos visto, hay algo más que el mero deseo.

Los metafísicos sostienen que los pensamientos son cosas reales. Puede que sea cierto en un sentido general, pero en lo que se refiere al efecto que producen sobre nosotros, no son reales hasta que les damos vida con nuestro propio pensamiento o a través de las elaboraciones de nuestra imaginación.

Esto puede parecer algo extraño, pero creo que se comprenderá con claridad en cuanto cite algunos ejemplos.

Veamos el primero. Todo el mundo aconseja la conveniencia de llevar botas de goma cuando se sale bajo la lluvia. Es común oír la frase: "Si no te pones botas, atraparás una gripa mortal". Pero esa idea general jamás tuvo sobre mí el menor efecto. Jamás llevé botas, ni siquiera en mi niñez. Cientos de veces anduve con los zapatos y los pies mojados, a veces durante varias horas y en pleno invierno. Sin embargo, jamás me resfrié como consecuencia de ello. Algunas personas tienen terror a las corrientes de aire, pero yo tengo la convicción de que, si se enferman, no es debido a las corrientes, sino al temor o, mejor dicho, a la seguridad que tienen de resfriarse en cuanto se hallen bajo la acción de una de ellas. Con frecuencia, me siento en medio de fuertes corrientes de aire y, durante las noches, duermo en una habitación que tiene una ventana a cada lado, de manera que descanso y me levanto, tanto en invierno como en verano, bajo la acción de la corriente de aire, que a veces, más que una corriente, es un vendaval. Y la verdad es que jamás me he resfriado por tal motivo, sin duda porque ni siquiera me preocupo por las corrientes de aire.

En cambio, no aconsejaré a nadie habituado a usar botas que prescinda de ellas, ni sugeriré que el que tenga miedo de las corrientes de aire comience a desafiarlas. Los hábitos y las creencias adquiridos a lo largo de toda una vida, así como sus efectos, no se pueden cambiar de la noche a la mañana.

Durante milenios, los más profundos pensadores han venido sosteniendo que el hombre, solo con la energía de su mente, puede dar forma a los acontecimientos y dominar la materia. Cuanto más profundices en el principio de esta ciencia, mejor comprenderás los sorprendentes poderes de tu propia mente.

Sir Arthur Conan Doyle, creador de *Sherlock Holmes*, miembro durante muchos años de la Sociedad Británica de Investigaciones Físicas, proclamaba la existencia de un poder destructivo o constructivo proveniente del pensamiento humano, solo equiparable a "la fe que mueve montañas". Él decía que, aun cuando sus resultados y consecuencias eran concluyentes, no tenía la menor idea de cómo actuaba ese poder procedente de la mente del hombre, capaz de separar las moléculas de un objeto sólido sobre el cual se concentrara su acción. Supongo que los materialistas recalcitrantes se sonreirán al leer esto. Pero conviene meditar sobre lo que hace el radar y la manera como las ondas de radio atraviesan los muros de madera, ladrillo, piedra, acero y de otros cuerpos llamados sólidos. Si las ondas del pensamiento, o lo que fueren, son capaces de lograr oscilaciones de mayor frecuencia, ¿por qué no habrán de poder afectar a las moléculas de los objetos sólidos?

Hay muchos jugadores profesionales que sostienen que una fuerte influencia mental logra atraer la llamada suerte en los juegos de azar, tales como en las cartas e incluso en la ruleta. Quien esto escribe conoce a un hombre que gana siempre los mejores premios en los juegos de las ferias. Cierta vez le pregunté la causa de su extraordinaria habilidad y me respondió:

Es muy sencillo. Nunca me acerco salvo cuando estoy absolutamente convencido de que voy a ganar. He observado que, si tengo la menor duda sobre el resultado, no gano. En cambio, no recuerdo un solo caso en el que me haya acercado con la seguridad de ganar y no me haya llevado los mejores premios.

En la Universidad de Duke, el doctor J.B. Rhine y sus colaboradores han demostrado que la psicoquinesis, nombre con que se designa el poder de la mente para influenciar objetos materiales, es más que una teoría idílica. Dados (sí, los dados que se usan en los juegos de mesa) fueron lanzados con un aparato mecánico, eliminando así toda posibilidad de que se sospechara en quien los lanzase cualquier habilidad o trampa. Desde el año de 1934, cuando se empezaron a efectuar reiteradamente tales experimentos, se han lanzado los dados millones de veces. Pues bien, los resultados fueron tales que el doctor Rhine declaró que "no cabe otra explicación sino que las personas pueden influir sobre los dados haciendo que salgan determinadas combinaciones de números sin tener el menor contacto físico con ellos". Varias personas situadas a considerable distancia del aparato lanzador de dados se concentraban mentalmente deseando que saliera una determinada combinación de números, consiguiéndolo de un modo casi invariable. En la mayor parte de estos experimentos, los éxitos logrados por la psicoquinesis desmintieron incluso los axiomas matemáticos sobre los cálculos de probabilidades, logrando la aparición de determinadas combinaciones de números, pese a que las probabilidades, ante su reiterada y sucesiva aparición, eran de una contra varios millones.

Medita sobre esto unos instantes y te darás cuenta de lo que significa. Tales experimentos te darán alguna idea sobre lo que significan frases tales como: "El pensamiento crea según su especie"; "el pensamiento es correlativo a sus objetivos"; y "el pensamiento atrae las cosas hacia las cuales se dirige"; y así otras similares que venimos oyendo desde hace muchos años. Recuerda las palabras de Job: "Y las cosas que yo más temía se derrumbaban sobre mí". Nuestros pensamientos temerosos son tan creadores y tienen tanto poder magnético para atraer las dificultades como los pensamientos positivos y constructivos lo tienen para provocar las cosas positivas. De modo que, según el condicionamiento de nuestros pensamientos, creamos los hechos, buenos o malos. Y cuando estos se arraigan profundamente en la conciencia de un hombre, ejercen una formidable influencia sobre su vida.

Sin embargo, sostengo la teoría de que, aun cuando los pensamientos creen y ejerzan un control que va más allá de todos los límites reconocidos por el hombre, este poder creador y de control es proporcional a la intensidad y cualidad con las que son emitidos, es decir, a la energía de la conmoción que produce en plano vibratorio. En otras palabras, es comparable a la longitud de la onda y a la potencia en vatios de una emisora de radio; los pensamientos tendrán un poder creador y de control en la proyección exacta de su inflexibilidad, intensidad y fuerza.

Aunque se han tratado de dar muchas explicaciones, nadie sabe si el pensamiento es generador de una especie de poderoso y sutil fluido eléctrico o algo similar indefinible por ahora. Pero como he realizado experimentos en el área de la electricidad conocida como "alta frecuencia" (en la cual exploró el gran genio de la electricidad Nicola Tesla), siempre que reflexiono sobre el pensamiento y sus radiaciones y vibraciones no puedo dejar de relacionarlo con el funcionamiento de la electricidad y sus fenómenos. De este modo, sus leyes se tornan más comprensibles para mí.

No soy el único que sustenta este enunciado, ya que los hombres de ciencia han perfeccionado instrumentos que siguen las oscilaciones de las vibraciones emanadas del cerebro humano. Estos instrumentos, por el momento, se emplean para averiguar la salud mental de las personas. Sin embargo, los investigadores confirman que, por medio de estos, se logran analizar los reflejos de las emociones, de los sueños y hasta de las enfermedades desconocidas que eran imposibles de diagnosticar hasta hace poco.

En 1944, el doctor H.S. Burr y sus colaboradores de la Universidad de Yale, después de experimentar por espacio de doce años, llegaron a la conclusión de que todas las cosas están rodeadas por el aura de su propia electricidad, y que la vida de todos los seres está relacionada eléctricamente con todos los sucesos del universo. Por espacio de muchos años, los místicos, los ocultistas y los metafísicos han venido sosteniendo que cada persona tiene un aura, y en un número de casos indeterminados, tales auras se han visto de manera incontrovertible. Sin embargo, nunca, hasta que se dieron a la publicidad los resultados de la Universidad de Yale, había hallado explicación alguna que me permitiera relacionarlos con los fenómenos eléctricos.

Hermes Trismegistus y los antiguos filósofos herméticos y esotéricos explicaban la teoría de la vibración. Pitágoras, el gran filósofo y geómetra que vivió en el siglo VI antes de Cristo, sostenía que todo cuanto existe tiene una vibración. Esto constituye la esencia misma de nuestras teorías de la ciencia electrónica en la actualidad, acerca de que toda materia está constituida por electrones (negativos) y protones (positivos), es decir, de partículas o cargas eléctricas que constantemente accionan y reaccionan recíprocamente. A falta de un término más adecuado, empleo las palabras "vibración" y "oscilación" y, cuando cambia la "frecuencia vibratoria" de las partículas eléctricas, cambia también la estructura del objeto material. La diferencia que existe en las materias que denominamos sólidas y líquidas se halla en la frecuencia vibratoria de los electrones y los protones. Con esta teoría obtenemos la más probable explicación de las energías que utilizaban los alquimistas de la antigüedad, que sostenían que era posible transmutar elementos inferiores en superiores, transformando el hierro y el plomo en plata y en oro. Ellos sostenían también que era posible curar cualquier enfermedad mediante el empleo de las mismas energías. Rutherford, un gran físico inglés famoso por sus investigaciones sobre la radiactividad, ha proyectado alguna luz sobre esta teoría de la transmutación de los elementos en relación con la teoría de la vibración eléctrica y electrónica.

Cuando comprendemos que a nuestro sistema nervioso solo se le estimula mediante las vibraciones, es decir, que nuestros cinco sentidos conocidos y definidos como la vista, el oído, el tacto, el olfato y el gusto actúan debido a las vibraciones que ellos perciben de los producidos por los objetos de la naturaleza exterior, estamos en mejores condiciones de comprender la naturaleza de tales vibraciones. Por ejemplo, cuando oímos un gran ruido, este nos llega bajo la forma de vibraciones sonoras. Vemos una hoja verde, cuyo aspecto es perceptible por las vibraciones que de su color registran nuestros ojos para transmitirlas a nuestro cerebro. Y, sin embargo, hay numerosas vibraciones de tan elevada intensidad y frecuencia que nuestros cinco sentidos no logran percibirlas. Por ejemplo, hay un silbato para perros tan agudo que solamente es captado por el aparato auditivo de los perros.

Hemos oído hablar de las curas milagrosas de ciertos curanderos que sanan al enfermo al tocarlo con sus manos. Casi todos tenemos ejemplos patentes de la supresión o el alivio de un dolor de cabeza friccionando suavemente las sienes con las puntas de los dedos.

¿Puede ocurrir tal cosa debido a cierta forma de energía eléctrica que fluya del extremo de nuestros dedos? La Biblia nos presenta numerosos ejemplos de las curaciones milagrosas logradas por el solo contacto de las manos de Jesús. ¿Está la explicación de estos fenómenos en el campo poco conocido de la electricidad, es decir, de la ciencia de sus vibraciones? ¿Puede esa aura eléctrica, que el doctor Burr sostiene que producen todas las cosas vivas rodeándose con ella, originar frecuencias eléctricas que fluyan de nuestros dedos o de nuestras mentes —energías vibratorias— que puedan actuar sobre otras personas y sobre lo que llamamos objetos materiales? Todas las personas que viven en lugares muy altos han sentido y a veces observado las chispas eléctricas que se producen al caminar de una a otra habitación y al tocar de improviso cualquier cuerpo metálico. Estas, desde luego, son formas de electricidad estática generada por fricción, pero también pueden darnos la idea de cómo se pueden generar los fenómenos eléctricos a través de nuestro cuerpo.

Entre los cuadros descriptivos de los experimentos realizados en Yale, hay uno que demuestra que, cuando se sumergen los dedos —sin cortes ni heridas— de las manos conectadas a un galvanómetro en una cubeta llena de agua salada, se produce una corriente eléctrica entre la mano izquierda positiva y la mano derecha negativa de 1,5 milivoltios. En otro experimento, se sumergen en cada copa los dos dedos cordales, uno de ellos con un pequeño corte en la yema. En este caso, la polaridad de las manos cambia: la izquierda pasa de positiva a negativa y viceversa, y la corriente alcanza los 12 milivoltios.

Mientras contemplaba dichos experimentos, me acordé de un instrumento llamado "biómetro" perfeccionado hace muchos años por un hombre de ciencia francés, el doctor Hipólito Baraduc, consistente en una campana de vidrio de la cual pendía una aguja de cobre sujeta por un fino hilo de seda. Debajo de la aguja, y por supuesto en el interior de la campana, había una pieza circular de cartón dividida en grados.

Se colocaban dos de estas campanas, una al lado de la otra, y el experimentador situaba los dedos de cada mano a un centímetro de cada campana, concentrando su pensamiento en una de las agujas de cobre. En cuanto el investigador cambiaba su actitud mental o la orden direccional de su pensamiento, podía hacer mover una u otra aguja en una o en otra dirección. La aguja seguía fielmente la dirección que le indicaba el experimentador con su pensamiento.

Expondré un sencillo experimento basado en principios similares. Tómese un pedazo de papel bastante liviano de unas tres pulgadas cuadradas y dóblese diagonalmente de ángulo a ángulo. Ábrase el papel de nuevo y vuélvase a plegar en el otro eje diagonal con el fin de formar dos dobleces que se crucen en sentidos diagonales en el centro del papel. Ábrase el papelito que presentará la forma aproximada de una pirámide algo achatada. Tómese una aguja larga y clávese en un corcho de manera que quede saliendo de este una pulgada de la aguja por el extremo de su punta. Colóquese el corcho, con la punta de la aguja hacia arriba, sobre un vaso o sobre una copa invertida. Tómese el pedacito de papel y colóquese con las cuatro puntas de la pirámide hacia abajo, en equilibrio sobre la aguja, precisamente en el punto en donde se cruzan los dos dobleces diagonales.

Póngase el vaso con el corcho, la aguja y el papel sobre una mesa en una habitación en donde no haya corrientes de aire, lejos de estufas, de radiadores de calefacción y de las ventanas. Colóquense ambas manos alrededor del papel como formando una pared en contorno, a media pulgada aproximadamente, sin tocar el papel para que pueda girar libremente. Ordénese entonces con el pensamiento que el papel comience a girar. Al principio, el papel oscilará como indeciso, pero, si se mantienen las manos firmemente y se concentra el pensamiento para que el papel gire en una dirección determinada, este comenzará a girar. Si se le ordena mentalmente un cambio de dirección, el papel dejará de girar en el sentido en que lo hacía para rotar sobre la aguja en la dirección contraria. Desde luego, es esencial que el experimentador no exhale su respiración sobre el papel.

Se han dado muchas explicaciones sobre las causas que hacen que gire el papel, como, por ejemplo, las ondas de calor que emiten las manos, determinados reflejos corporales y otras semejantes. Si el papel girara siempre en una sola dirección, podrían aceptarse tales explicaciones. Pero cuando una persona con cierta práctica, capacidad de concentración mental y confianza puede lograr que el papel gire primero en una dirección y luego en otra, a voluntad, según la decisión de su pensamiento, es evidente que el principio es el mismo que rige el movimiento en los experimentos con el biómetro.

Otro experimento se efectúa con un pequeño disco de cartón, conocido como "*dialette*" o "pequeño dial", que está pintado igual que el círculo de un reloj, con sus correspondientes números del uno al doce. Este disco es más conocido como Dialette de los Rosacruces. Se clava en el centro del disco de cartón una aguja sobre cuya punta se coloca en equilibrio una manecilla de cartón muy fino o de cartulina en forma de flecha. Se coloca el disco sobre el borde superior de un vaso lleno de agua en la que queda sumergida la parte inferior de la aguja. El experimentador coloca sus manos en torno a la parte superior del vaso, el disco flotante y la flecha; entonces ordena mentalmente a la flecha que gire, cambie de dirección y se detenga en el número deseado. Sin embargo, conviene advertir que no todos pueden obtener resultados satisfactorios inmediatos con tales experimentos, ya que el poder mental y la capacidad de concentración varía de unos individuos a otros.

Si hay una forma de electricidad emanante de nuestras manos o dedos en particular, y si hay ondas dinámicas o magnéticas producidas por las vibraciones suscitadas consciente o subconscientemente por nuestro pensamiento, ¿no tenemos igualmente una explicación de los movimientos de la mesa de tres patas, de la escritura automática y de muchos otros fenómenos de espiritismo y ocultismo? Ahora que los experimentadores de la Universidad de Yale han llegado a la conclusión de que todas las cosas vivientes están rodeadas por un entorno o aura eléctrica generada por ellas y que los investigadores de la de Duke siguen explorando para obtener nuevas pruebas sobre la influencia que ejerce el pensamiento sobre los objetos materiales, comenzamos a obtener una comprobación de la idea expresada por el doctor Philips Thomas, ingeniero e investigador de la *Westinghouse Electric Company*. En 1937, según publicación de los diarios, el doctor Thomas declaró ante la asamblea del Instituto Norteamericano reunida en Utah:

> *Estamos seguros de que cualquier cosa que hagamos, digamos o pensemos se efectúa por medio de una radiación de cierto tipo de energía. Creemos que tales radiaciones son flujos de electricidad. En un futuro próximo, podremos sintonizarlas e interpretar las radiaciones de la personalidad y las del pensamiento cuando se materializan por medio de flujos eléctricos. Son espléndidas las perspectivas acerca de una pronta explicación sobre este interrogante.*

Como muchos de mis lectores quizás no comprendan claramente la cuestión de las radiaciones del pensamiento, quiero ofrecerles una sencilla comparación explicativa. Si lanzamos una piedra a un estanque de aguas inmóviles, veremos que inmediatamente se producen en torno a la superficie del punto donde cayó la piedra una serie de ondas circulares que se van ampliando y que parecen detenerse cuando llegan a la orilla. Cuanto mayor sea la piedra que arrojemos, mayores serán las ondas producidas. Si arrojamos dos piedras simultáneamente con cierta proximidad, veremos que, al producirse las ondas circulares, llega un momento en que se chocan las producidas por una y otra, entablándose una lucha entre unas y otras para sobrepasar las ondas que se encuentran. Si las dos piedras arrojadas son del mismo tamaño, da la impresión de que se neutralizan entre sí, fundiéndose en el punto en donde se chocan. Si una de las piedras es mayor que la otra, veremos que las ondas de la más grande anulan y dominan las de la piedra más pequeña.

Medita sobre esto en relación con tus propios impulsos mentales —por ejemplo, cómo los pensamientos de una naturaleza detienen y dominan a los de otra— y apreciarás cómo los pensamientos que tienen una mayor concentración, o sea, aquellos de ritmo más rápido y de mayores vibraciones, dominan a los más débiles y producen su objetivo creador con mayor rapidez.

Leemos y oímos hablar mucho sobre las diversas fases del pensamiento, los grados de conciencia, la concentración de las ideas, la fuerza de la fe, y en general, sobre todo cuanto se relaciona con la intensidad o grado de potencia de lo que nosotros emitimos. Con todo, la energía creadora solo actúa cuando nuestros pensamientos están totalmente integrados y configurados, cuando concebimos con ellos un cuadro mental completo y nuestra imaginación puede ver gráficamente la realización de nuestras aspiraciones, pudiendo llegar a visualizar mentalmente nuestro objetivo, sea un coche, una casa o lo que fuere, como si ya lo poseyéramos.

Como resultado de mis estudios sobre las enseñanzas místicas, las diversas ciencias mentales y las doctrinas de las iglesias ortodoxas regulares, estoy convencido de que todas ellas proporcionan ideas sobre cómo lograr resultados efectivos, aunque solamente para quienes creen en ellos. Las plegarias y las oraciones influyen poderosamente sobre la vida de cada ser en la medida en que cada cual cree en su eficacia.

No olvidemos que hay mucha gente que realiza esto de un modo subconsciente. Ellos concurren a los servicios religiosos y dicen sus rezos sin la menor fe en que sus peticiones habrán de obtener respuesta alguna. Y, por lo tanto, no reciben respuesta. Esto me recuerda el cuento de la vieja dama pesimista que cada día, antes de salir de compras, oraba largo rato para que hubiera buen tiempo y brillara el Sol, pero que al concluir sus oraciones decía: "Sin embargo, estoy segura de que va a llover".

A finales del otoño de 1944, el *Saturday Review of Literature*, una publicación que no admite engaños, publicó un artículo de Thomas Sugrue según el cual el movimiento de la curación mental había crecido tan rápidamente que se veían sus manifestaciones y resultados por todas partes. Él citaba a continuación numerosos casos documentados en los cuales, solo por la energía del pensamiento, se habían curado infinidad de personas. Entre ellos estaba una mujer de sesenta y dos años paralizada por la artritis que se había curado practicando la respiración yogui. Después de su curación, parecía una mujer de cuarenta años. Otra mujer sanó igualmente de una enfermedad incurable con un sistema de "ocultismo metafísico" y había rejuvenecido en más de quince años de su edad real. El autor exponía igualmente el caso de un misionero que, durante doce años, había efectuado extraordinarios experimentos psíquicos obteniendo los más impresionantes resultados.

Ante estos informes, no podemos más que llegar a la siguiente conclusión: con cualquier sistema, sea de plegarias religiosas, ejercicios respiratorios yoguis, magia, ocultismo o de lo que fuere, se obtienen resultados evidentes, siempre que el individuo que lo utilice crea firmemente en él. Esa es precisamente la magia de creer.

Sigmund Freud, el famoso psicoanalista austríaco cuyas obras han dado las bases fundamentales de la psiquiatría moderna, atrajo la atención del mundo con la hipótesis de que existe dentro de nosotros una energía poderosa, una parte iluminada de la mente —distinta de la mente consciente— que actúa constantemente modelando nuestros pensamientos, sentimientos y actos. Otros llaman "alma" a esta facultad de nuestro ser espiritual y algunos maestros de metafísica sostienen que está situada en el plexo solar. Hay quienes la denominan "superego", energía interior, superconsciencia, inconciencia y subconsciencia. Desde luego, no es un órgano ni una sustancia física, como sabemos que lo es el cerebro, y la ciencia no ha logrado descubrir su posición perceptible en el cuerpo humano. Sin embargo, ese poder misterioso está dentro de nosotros y, desde el principio de los tiempos, el hombre ha tenido una idea más o menos clara de su existencia. Los antiguos se referían a ella como "espíritu". Paracelso la llamaba "voluntad", otros, "mente" y, en general, ha recibido infinidad de nombres, incluso el de "voz interior". Para otros, es simplemente inteligencia, la cual es una parte de la Inteligencia suprema.

Cualquiera que sea su nombre (yo prefiero llamarle subconsciencia), todos reconocen que es la esencia misma de la vida y que los límites de su poder son desconocidos. Es una energía que jamás descansa. Viene a ayudarnos en los momentos difíciles, nos advierte de los peligros inminentes y, en ocasiones, nos auxilia cuando toda ayuda parece imposible. Esta fuerza nos guía en todos los órdenes de nuestra existencia y, cuando se emplea adecuadamente, es capaz de realizar aquello que llamamos milagros.

Objetivamente, esta potencia parece obedecer a nuestra voluntad, es decir, actúa bajo las órdenes de nuestra mente consciente. Subjetivamente, actúa por su propia iniciativa, o así parece al menos, ya que hay momentos en que su actividad da la impresión de ser la resultante de estímulos e influencias exteriores.

Sir Arthur Eddington ha dicho:

> *Creo que la mente tiene el poder de afectar a los grupos de átomos interfiriendo el comportamiento físico de los mismos e incluso que la voluntad de los seres humanos puede alterar el curso del mundo, aunque dicho curso esté predeterminado por las leyes físicas.*

Si se capta plenamente el significado de dicha idea, la sorpresa que provoca tal afirmación es suficiente para entrecortarnos la respiración. Sin embargo, es comprensible cuando se conoce algo de electrónica o de la teoría de la oscilación.

Todos los estudiosos de este tema saben lo que puede lograrse al hacer contacto directo con la mente subconsciente. Miles de personas han recurrido a ese procedimiento para lograr riquezas, poder, fama mundial, curar enfermedades y solucionar incontables problemas. Los únicos pasos que hay que dar son los de creer en su poder y utilizar la técnica que se expone en este libro, o bien inventar un sistema propio adecuado para cada quien.

Dana Sleeth, periodista desde hace más de veinte años, me decía que él consideraba que su mente subconsciente se había constituido en una magnífica ayuda en su vida, no solamente para proporcionarle ideas para sus cuentos y artículos, sino incluso para descubrir herramientas y objetos extraviados. Sleeth hizo un profundo estudio sobre la materia y en cierta ocasión me dijo:

La mente subconsciente es algo maravilloso y le juro que no entiendo por qué las personas no se documentan más sobre esta cuestión. No sé cuántas miles de veces me ha ayudado a resolver mis problemas. Gracias a ella se me han ocurrido las ideas necesarias para escribir artículos y relatos mientras me hallaba entregado a las tareas mecánicas en la granja. Y en lo que se refiere a encontrar las herramientas perdidas... es sorprendente.

Usted sabe que las cosas rara vez se pierden. Simplemente están en el sitio que no deben. Pero hay que encontrarlas en el sitio en donde las pusimos o las dejamos caer. Yo he encontrado docenas y docenas de herramientas "extraviadas" exactamente en el lugar donde mi mente subconsciente me decía que estaban. Así, por ejemplo, si pierdo mi cortaplumas o lo dejo en algún lado, me digo: "Cortaplumas, ¿dónde estás?". Entonces cierro los ojos unos instantes o bien contemplo la lejanía. La respuesta tal vez no llegue instantáneamente, pero de pronto es algo así como un relámpago y voy directamente hacia donde dejé el cortaplumas. El procedimiento me resultó infalible para hallar las hachas, rastrillos y otras herramientas que dejo por cualquier lado de la finca... pues ya sabe usted que los periodistas no somos un modelo de orden precisamente.

Yo tenía gran dificultad en recordar los nombres, pero he descubierto que, si logro representarme la imagen de la persona cuyo nombre deseo recordar, e incluso si recuerdo el color de sus ojos o el del cabello o la forma en que iba vestida, inmediatamente acude a mi memoria su nombre.

Ignoro dónde aprendí esto, pero cuando deseo recordar algo —una historia determinada, algún hecho, etc.— que en un momento dado parece escaparse de mi memoria, relajo mi mente, levanto la cabeza, coloco mi mano derecha unos centímetros por encima de la frente y cierro los ojos o contemplo el espacio. Este procedimiento jamás me ha fallado.

No hay que olvidar: los inventos, las grandes composiciones musicales, poéticas, literarias y, en general, todas las ideas creadoras, proceden del subconsciente. Basta con pensar intensamente manteniendo un firme deseo de lograr lo que uno se propone, e invariablemente se obtendrán buenos resultados. Hay un viejo refrán que dice que, cuando nosotros empezamos a tejer, los dioses nos proporcionan el hilo. Y es una gran verdad.

Cuando uno comienza a construir algo con la ayuda de ese mágico poder, los ladrillos se colocan automáticamente en su lugar como si una mano mágica los fuera situando. Se logran resultados sencillamente sorprendentes y surgen ideas para llevar a cabo con éxito la tarea emprendida. Lo que puede parecer coincidencia no es tal, sino simplemente la realización lógica o conclusión de la tarea que iniciamos.

Estoy convencido de que muchas de las personas que triunfan en la vida, alcanzan notables alturas y logran cosas maravillosas no tienen ni noticia de la existencia de la mente subconsciente, la que les proporciona el éxito.

Viviendo aquí en los montes, lejos de la gente y de su influencia, he sentido con frecuencia que los que se hallan en estrecho contacto con la naturaleza están en una mejor posición para utilizar la energía de su subconsciencia. Creo que no está lejano el día en que la ciencia demuestre que el poderío del subconsciente es una de las energías más formidables que configuran y rigen nuestra existencia.

Un pensamiento momentáneo, aun cuando posteriormente puede ir revelándonos un fuerte poder acumulativo, muere casi al nacer. Por eso, la energía que pone en juego el gran sistema de la subconsciencia es precisamente el pensamiento sostenido y perseverante, o sea, como dijimos antes, el cuadro mental y permanente de lo que pretendemos. Hay muchos procedimientos para poner en marcha las vibraciones adecuadas del pensamiento consciente para que hagan entrar en acción las energías subconscientes. A veces, incluso, basta una simple palabra o mirada para que se pongan en movimiento. Así ocurre en los momentos de gran peligro y en los tiempos de graves dificultades cuando una persona, sola o acompañada, se ve enfrentada de pronto con la necesidad de actuar con la máxima prontitud. Con todo, la mente subconsciente acude con mayor rapidez en la ayuda de aquellos que están acostumbrados a tomar decisiones casi instantáneamente, pues esta solo interviene con eficacia cuando se ha despejado la mente consciente de la multitud de pensamientos contradictorios que la invaden.

Quizás el método más eficaz de provocar la intervención práctica del subconsciente sea por el sistema de las imágenes mentales, es decir, el empleo de la imaginación. Mediante la imaginación, se perfecciona la imagen de la cosa o situación que deseamos tal y como se produciría en la realidad. Habitualmente nos referiremos a esto con el término de "visualización".

Sin embargo, la mayor parte de las manifestaciones se producen como consecuencia de la propia confianza de poder lograr algo. Es merced a esta creencia o fe y a sus extraños poderes que se producen los milagros para los cuales no hay, al parecer, ninguna explicación posible. Me refiero a las creencias profundamente arraigadas, a la convicción firme y positiva que penetra en cada fibra de vuestro ser, a eso que se llama "creer con alma y vida". A esa convicción, puedes llamarla como quieras: fase emocional, energía espiritual, vibración eléctrica, etcétera; pero esa y no otra es la facultad que produce tan extraordinarios resultados, la que pone en marcha la ley de la atracción y la que permite la correlación del pensamiento con el objetivo. Esta convicción altera el ritmo mental, o sea, la frecuencia de vibración del pensamiento y, al igual que un magneto gigante, impulsa a actuar a las energías subconscientes, cambia nuestra aura personal y afecta todo cuanto nos rodea... e incluso a las personas y objetos que se hallan a grandes distancias. Esta magia de creer atrae sobre nuestra influencia de acción personal hechos sorprendentes, muchos de los cuales ni en sueños podrían parecernos posibles.

En la Biblia, hay incontables referencias sobre este poder. Es la primera condición para pertenecer a cualquier organismo religioso, político y social. En todas partes, la gente busca personas de convicciones firmes, dispuestas a luchar por sus creencias, porque son precisamente tales personas las que, hallándose cargadas con las vibraciones de sus poderosas convicciones, logran a veces los milagros y hacen viables las cosas "increíbles". Este tipo de convicción es, si duda, un toque mágico.

Capítulo 3

El misterioso subconsciente

"No hay artista, hombre de ciencia ni escritor de alguna distinción, por poco inclinado que esté a la introspección, que no tenga idea, por su experiencia personal, de la importancia sinigual del subconsciente", escribió Gustave Geley, distinguido psicólogo francés, autor del libro *De lo inconsciente a lo consciente*. Él afirmaba que, hasta el siglo XIX, se desconocía por completo la psicología del subconsciente, considerándose como una mera consecuencia anormal de enfermedades o accidentes. Geley añadió, también, que en la vida se obtienen los mejores resultados cuando se logra la más estrecha armonía entre la mente subconsciente y la consciente.

Como el subconsciente desempeña un papel muy importante en esta magia de creer, conviene tener una visión clara y detallada de lo que es la mente subconsciente, dónde está situada, cómo funciona, así como sus relaciones con la mente consciente con el objetivo de alcanzar un pronto conocimiento de esta ciencia. Parte de lo que digo en este capítulo se encuentra a lo largo de los capítulos siguientes, pero como la repetición es una parte esencial de la técnica de esta ciencia, es igualmente eficaz para lograr el conocimiento a fondo de ella. Además, cuanto más rápidamente se comprenda, más prontamente se estará en condiciones de lograr los deseos y objetivos.

Para ofrecer una descripción de la mente subconsciente, no tengo más remedio que utilizar términos científicos, ya que este tema es el resultado de los estudios y experimentos realizados por los grandes pensadores y psicólogos del mundo. Si encuentras un poco difícil la comprensión de lo que digo al respecto, relee los pasajes difíciles, una y otra vez, hasta que llegues a entenderlos en toda su magnitud.

En el primer capítulo, dije que *La ley de los fenómenos físicos*, de Thomson Jay Hudson, me hizo pensar sobre la mente subconsciente y sus grandes posibilidades para ayudar a la gente en las ocupaciones de su existencia cotidiana. Desde ese entonces, han aparecido muchos más libros que han contribuido al esclarecimiento de la materia, tales como *The subconscious speaks* (*El subconsciente habla*), de Erna Ferrell Grabe y Paul C. Ferrel; *The source of power* (*La fuente de poder*), por Theodore Clinton Foote; *The unconscious* (*El inconsciente*), por Morton Price; *Common sense and its cultivation* (*Sentido común y cómo se cultiva*), de Ernest Hanbury Hankin y otros más. Trataré de exponer no solamente qué es la mente consciente y la subconsciente según los últimos descubrimientos relativos a sus funciones y relaciones, sino que procuraré dar instrucciones definidas sobre el procedimiento a seguir para dominar por completo el subconsciente y encauzar sus energías en hacia uno mismo, es decir, para que colaboren en la obtención de tus deseos.

"En el fondo de cada ser humano, se encuentra una facultad desarrollada (o no) que le permitirá a cada uno alcanzar el éxito, siempre que tenga presente en su mente consciente el deseo de lograr ese éxito". Así se expresa el autor de *The subconscious speaks*. Esta facultad es conocida desde la antigüedad y siempre el hombre ha reconocido sus extraños y subutilizados poderes. Sin embargo, hasta comienzos del siglo XIX, los hombres de ciencia comenzaron a investigarla y experimentar sobre ella. Al arrancarle parte de sus secretos, la denominaron "mente subconsciente". Emerson indudablemente conocía el doble carácter de la organización de la mente humana cuando escribía en su *Diario*: "Descubrí que un estado mental no recuerda ni concibe otro estado. Así, yo escribí hace doce meses unos versos, *Días*, de cuya composición y corrección no logro acordarme, y que no podría escribir en la actualidad. La única prueba que tengo de que los versos son míos son algunas evidencias externas tales como que están firmados por mí, que he enviado algunos ejemplares a mis amigos, etcétera.

Hoy en día, todo el mundo comprende, por lo menos parcialmente, el sentido de las palabras consciente y subconsciente. Se admite que tenemos dos mentes independientes y con distintos atributos y poderes, capaces cada una de proceder independientemente. No hay dificultad para comprender que la mente consciente actúa como facultad pensante de nuestra cabeza, pues a veces el pensar intensa y prolongadamente tenemos dolor de cabeza, o bien se fatigan los ojos y las sienes arden y laten más aceleradamente. Se le puede seguir la pista a los pensamientos en numerosos casos. Pueden ser consecuencia de algo que hayamos visto, oído o leído, tal vez se trata de una idea nueva para nuestro negocio o nuestro hogar, quizás es la continuación de algún pensamiento al cual le hemos venido dando vueltas en el pasado. Lo cierto es que los pensamientos se pueden relacionar con algo que ya estaba vinculado con nuestra conciencia. En ocasiones, nuestro pensamiento se esfuerza en tratar de resolver un problema difícil y llega un instante en el que nos sentimos agotados y desalentados por no haber podido alcanzar la solución. Entonces, cedemos y decidimos postergar el asunto, "olvidarnos", "dejar correr las cosas", "sacárnoslo de la cabeza", un estado de ánimo que todo el mundo ha experimentado cuando, durante la noche, ha luchado desesperadamente por hallar la clave de un problema que le aleja el sueño por el esfuerzo mental que se hace. En cuanto decidimos abandonarlo, el pensamiento obsesionante comienza a hundirse en la nada, cual si fuera penetrando en las capas profundas de nuestro ser hasta desaparecer totalmente. Disminuye la tensión de la mente consciente y, al poco rato, nos dormimos. A la mañana siguiente, al despertar, la mente consciente comienza a pensar de nuevo en el problema y de pronto aparece ante nuestra visión interior el cuadro mental del mismo completamente solucionado, indicándonos los pasos a dar y la dirección conveniente a seguir para lograr lo que nos preocupaba.

¿Adónde se fueron los pensamientos que nos oprimían obsesivamente cuando decidimos alejarlos de nuestra mente consciente? ¿Debido a qué poder íntimo quedó resuelto el problema en cuestión? Es cosa sabida que la mayoría de los escritores, oradores, pintores, músicos, inventores y otros cerebros creativos utilizan adecuadamente su subconsciente, sabiéndolo o sin saberlo. De hecho, hace poco, un famoso novelista norteamericano, Luis Bromfield, decía:

> *Uno de los descubrimientos más útiles que hice en mi vida, hace mucho tiempo, es el referente a una parte de nuestra mente a la que los psicólogos califican de subconsciente y que trabaja mientras dormimos o mientras estamos descansando o entregados a otra tarea ajena a la de escribir. Yo he conseguido adiestrar esta parte de mi mente para que desarrolle por mí un trabajo eficaz y bien organizado. Frecuentemente, al despertarme por las mañanas, encuentro totalmente resuelto literariamente algún problema técnico, un argumento o un personaje difícil que me obsesionaban. Y la solución del problema se produce en mi subconsciente mientras yo he estado durmiendo. El juicio que mi mente subconsciente me presenta, valiéndose de mis talentos heredados y acumulados a través de mis experiencias, es virtualmente infalible, y yo siempre confío en sus decisiones acerca de cualquier discernimiento ampliamente analizado y efectuado durante un largo y razonable proceso de meditación en mi pensamiento consciente.*

Sin duda, el lector tiene ya ha experimentado cómo actúan estas dos partes de nuestra mente, la consciente y subconsciente. Nuestra mente consciente actúa a través de nuestros pensamientos y sensaciones conscientes; y nuestra mente subconsciente actúa permanentemente desde el interior de nuestro ser durante nuestra vida consciente o subconsciente, conforme a nuestras órdenes o sugerencias conscientes, nuestros talentos y saberes cultivados, las experiencias ya aprendidas y memorizadas, entre otras, lo cual implica que hay una permanente interrelación entre nuestras mentes consciente y subconsciente.

Ahora bien, a través de nuestra mente consciente percibimos todos nuestros pensamientos conscientes. También a través de ella interpretamos nuestros siguientes conceptos: las sensaciones que rigen nuestra vida cotidiana mientras estamos despiertos, el conocimiento de que yo soy yo, el reconocimiento y la comprensión de nuestro ambiente, el poder de gobernar nuestras facultades mentales y de recordar todos los hechos de nuestra existencia, y el poder de comprender nuestras emociones y sus significados. Más concretamente, nuestros pensamientos se manifiestan a través de nuestra mente consciente; a través de ella nos llega una comprensión racional acerca de los objetos y de las personas que nos rodean, de nuestros éxitos y fracasos, de la validez de un argumento o de la belleza de una obra de arte.

Los principales poderes de la mente consciente son la razón, la lógica, el juicio, el cálculo, la conciencia y el sentido ético de la moral. Con ella conocemos el mundo objetivo a través de nuestros cinco sentidos. Nuestra mente consciente dirige el desarrollo provocado por nuestras necesidades físicas y es nuestra guía en la lucha con nuestro ambiente material. Su función más elevada es la del razonamiento por todos los métodos: inductivo, deductivo, analítico y sintético. Por ejemplo, supongamos que emprendemos la tarea de descubrir un nuevo suero. Recurrimos entonces a nuestra mente consciente y empleamos el método de razonamiento inductivo. O sea, primero recordamos y ordenamos los hechos y los elementos que se presentan ante nuestros sentidos; después los comparamos entre sí, analizando sus similitudes y disparidades; luego seleccionamos aquellos elementos semejantes en calidades, usos y funciones, tras lo cual procedemos a formular una generalización o ley, diciendo que tales y cuales cosas tienen la propiedad de funcionar de este o de aquel modo. Este es el método científico de llegar al conocimiento que forma la base de la educación moderna en escuelas y universidades. En una u otra forma, todos utilizamos nuestra mente consciente para resolver nuestros problemas, sean personales, sociales, políticos, comerciales, económicos o artísticos. En muchas ocasiones, la solución de nuestros problemas se consigue mediante el empleo de nuestra mente consciente. Pero, de vez en cuando, la solución no aparece, y nos sentimos agotados por su incesante búsqueda. Entonces, comenzamos a perder confianza en nosotros mismos y con frecuencia nos resignamos, haciéndonos la idea de que hemos fracasado y que nada puede hacerse. Es precisamente entonces cuando la mente subconsciente, en forma encubierta, entra en acción para renovar nuestra fe en nosotros mismos, para ayudarnos en forma sorprendente a superar la dificultad y ponernos en el camino del éxito.

Así como la mente consciente es la fuente del pensamiento, la mente subconsciente es el origen de todas las energías esenciales. Ella constituye una de las grandes realidades de la vida humana. La mente subconsciente está arraigada en nuestros instintos, conoce nuestros más elementales deseos y, por ello, siempre está asistiendo nuestro exterior, tratando de colaborar con nuestra existencia consciente. Se trata de un almacén de maravillosas impresiones espontáneas, una prodigiosa reserva en la que se conservan registrados los hechos y las experiencias que constantemente llegan a nuestra mente consciente para su intuición y utilización en los momentos apropiados. Con todo, la mente subconsciente no es solo un poderoso proveedor de toda clase de ideas puestas a la disposición de la mente consciente, sino también una fuente de energías que permiten al ser humano recuperar sus fuerzas, su valor y también su fe en sí mismo.

La mente subconsciente está más allá del espacio y del tiempo, y es fundamentalmente una extraordinaria estación receptora y transmisora de enormes poderes, de tan múltiple diversidad que puede comunicarse con lo físico, con lo mental y con lo psíquico y, según muchos pensadores e investigadores, incluso con los mundos espirituales del presente, del pasado y del futuro. Tal es el poder de nuestra mente subconsciente. En síntesis, el subconsciente guarda los sentimientos y la sabiduría del pasado, el conocimiento del presente y la visión del futuro. Emerson, aun cuando califica de "instinto" a la mente subconsciente, le atribuye numerosos atributos superiores cuando dice:

> *Toda la auténtica sabiduría del pensamiento y de la acción proviene de su acertada respuesta hacia lo instintivo y de su paciencia para que sea percibida. La verdadera sabiduría reside en hacer un uso práctico de esta intuición en cada momento de nuestra vida, y debemos habituarnos a preferir en todos los casos su guía y orientación, la cual jamás se nos niega cuando la invocamos y empleamos.*

Los poderes de la mente subconsciente son muchos, pero los principales son los siguientes: intuición, emoción, certidumbre, inspiración, sugestión, deducción, imaginación, organización y, por supuesto, memoria y energía dinámicas. La mente subconsciente toma conocimiento del ambiente en que se halla por medios independientes a los de los sentidos físicos. Percibe por intuición. Opera con mayor éxito y cumple sus funciones más elevadas cuando los sentidos conscientes no actúan. Sin embargo, puede funcionar mientras estamos despiertos como cuando dormimos. Es una entidad autónoma, posee grandes poderes y funciones independientes, tiene una organización mental única y muy propia y lleva una existencia tal que, aun cuando está íntimamente asociada con el ser físico y con la vida del individuo, funciona independientemente del cuerpo físico.

La mente subconsciente tiene tres funciones primordiales:

1. Con su comprensión intuitiva de las necesidades del ser físico, mantiene y preserva, sin ayuda de la mente consciente, su bienestar, e incluso la vida misma del organismo físico.

2. Como ya lo dijimos, en los momentos de graves dificultades entra en acción inmediatamente también independientemente de la mente consciente, y se hace cargo del mando supremo, actuando con increíble certidumbre, rapidez, precisión y sabiduría para salvar la vida del individuo.

3. Opera en el mundo psíquico, en el cual los poderes psíquicos del subconsciente se manifiestan en fenómenos tales como la telepatía, la clarividencia y la psicoquinesis, que también

pueden ser invocados para que acudan en auxilio de la mente consciente en los momentos de gran necesidad personal, instantes en los que el consciente llama al subconsciente para que emplee sus poderes y recursos para que solucione algún problema vital.

En este libro, nos interesa fundamentalmente la parte tercera de estas funciones primordiales de la mente subconsciente y, en especial, la técnica mediante la cual opera en nuestro beneficio. Por consiguiente, para poner en acción los recursos y poderes del subconsciente, ante todo, debes estar seguro de que estás pidiendo algo que puedes obtener justamente y que tienes capacidades suficientes para manejar, por cuanto el subconsciente se manifiesta solo de acuerdo con las capacidades de la persona. Además, conviene tener paciencia y absoluta fe, porque, como dijo Théodore Simon Jouffroy, el filósofo francés, "la mente subconsciente no se toma la molestia de trabajar por quienes no creen que puede ayudarlos". Después, para transmitir tu necesidad al subconsciente, debes adoptar en tu espíritu la convicción de que vas a lograr lo que deseas. Y así, mientras mantengas el estado de ánimo positivo para sentir y pensar que el éxito es tuyo, es importante que des un nuevo paso y veas en tu mente lo más gráficamente tu nuevo logro. O sea, que te veas realizando la labor que has elegido, u ocupando el puesto al cual aspiras. El paso final consiste en esperar pacientemente, mientras el subconsciente acoge los elementos de tus aspiraciones o dificultades y decide realizar su designio de trabajar por y para ti.

A su debido tiempo, las ideas y los planes del subconsciente irán hacia la mente consciente que está en espera y a la que se le revelará la solución de tus dificultades, así como las acciones a seguir, las cuales deberás efectuar de inmediato y sin vacilar. No debe haber por tu parte vacilación alguna, ni reservas mentales, ni controversias. Debes acoger los mensajes del subconsciente y, en cuanto los hayas comprendido, actuar enseguida. Solo procediendo así, lograrás que vuestro subconsciente te sirva y siga respondiéndote cada vez que lo invoques.

Sin embargo, es posible que tu problema no pueda quedar solucionado en la forma antes indicada y que, en lugar de recibir la solución de un modo claro que guíe tus pasos hacia la realización de lo que te propones, sientas de vez en cuando que una fuerza misteriosa te impulsa a hacer ciertas cosas que aparentemente no conllevan ninguna significación especial ni ninguna relación lógica. No obstante, tienes que seguir creyendo en el poder y en la sabiduría del subconsciente y cumplir con optimismo las cosas que te sugiera, aunque te parezcan sin sentido. Así, un día estarás en la posición deseada gracias a la ayuda de tu subconsciente o realizando el trabajo que habías imaginado. Solo entonces, al reconsiderar lo ocurrido, descubrirás cómo todas las cosas que el subconsciente te impulsó a hacer estaban encadenadas en una línea lógica de acontecimientos, siendo el último de ellos la llegada final, la recompensa a tus más nobles deseos y esperanzas, a la consecución del triunfo personal más apropiado de acuerdo con lo que aspiras.

Capítulo 4

La sugestión y cómo funciona

Cuántas veces has oído decir: "Solo cree que puedes hacerlo y lo harás?". Sin importar la tarea, si comienza con la creencia de que puedes hacerlo, será hecha a la perfección. Con frecuencia, la creencia empodera a la persona a hacer lo que otros consideran imposible. El acto de creer es la fuerza inicial, el poder generador que lleva al logro.

"¡Vamos, la victoria es nuestra!", grita un hombre en un campo de deportes, en medio de una batalla o en el mundo de los negocios. Y esta voz de mando, llena de convicción, electriza a quienes la oyen y altera los resultados transcurridos, transformando la derrota en victoria y solo porque algún poderoso creyente sabía que se podía hacer.

Un hombre puede estar naufragando en medio del mar o caer al agua cerca de una costa rocosa. Por unos momentos, piensa que no hay salvación posible para él. Pero de pronto, siente que logrará salvarse o que lo salvarán. A los pocos instantes, empieza a tener convicción y junto con esta llega aquello que lo salvará. Podemos hallarnos en un incendio rodeados por las llamas y envueltos en humo, sintiéndonos dominados por el temor. Pero esa misma fuerza extraña se abre paso hacia nuestra mente consciente y de pronto sabemos que podemos salvarnos.

Emerson decía que, en una situación difícil, lo mejor es seguir nuestros impulsos más repentinos. Todos conocemos innumerables relatos que revelan las grandes reservas que posee la mente subconsciente y cómo, bajo la dirección y transmisión de sus energías sobrehumanas, personas de apariencia frágil han logrado realizar verdaderas hazañas que parecían hallarse muy por encima de sus energías normales. Los grandes oradores y escritores se quedan con frecuencia sorprendidos ante la inmensa capacidad de la mente subconsciente cuando, de pronto, les suministra una abundante corriente de pensamientos.

Después de estudiar las diversas religiones, las doctrinas místicas y las distintas enseñanzas y sistemas sobre el poder del espíritu, me impresiona ver que todas ellas descansan sobre el mismo modus operandi, la repetición de ciertas frases o invocaciones. Nos encontrarnos con el mismo principio en los cantos, encantamientos, letanías y lecciones cotidianas (que se repiten durante el día el mayor número posible de veces), la insistente plegaria de los budistas y de los musulmanes, las afirmaciones de los teósofos y de las diversas religiones y la magia.

Si se investiga un poco más, se advierte la aplicación de los mismos principios hasta en el tamborileo de los tam-tams que utilizan grupos indígenas en distintas partes del mundo, cuyas vibraciones son semejantes a las vibraciones de la naturaleza, por lo cual se sienten estimulados y emocionados hasta el punto de desafiar la muerte sin temor ninguno. Las danzas guerreras de los indígenas de América del Norte, con sus movimientos físicos de repetido ritmo, las ceremonias de las tribus para provocar la lluvia, las danzas de los derviches, el papel que desempeñan las marchas militares y las músicas marciales en los momentos difíciles, así como la música suave pero estimulante que se toca en algunas grandes fábricas modernas para lograr que los obreros trabajen mejor, todos utilizan el mismo principio de la repetición.

En cuanto a la repetición de ciertos cantos místicos, encontramos detalles interesantes en el libro de Theos Bernard, *Penthouse of the Gods*, publicado en 1939. Su autor dice que ha sido el primer hombre blanco que haya penetrado jamás en la misteriosa ciudad de Lhasa, en el Tíbet, situada en el Himalaya, en cuyos monasterios viven millares de lamas, cultores de la religión budista. Leyendo el libro, uno adquiere la sensación de que, cuando los lamas no están comiendo o atendiendo las necesidades de su cuerpo, no hacen sino entonar cantos místicos. Bernard cuenta que estuvo en un templo donde los monjes pasan el día repitiendo las mismas plegarias con las que han iniciado cuando sale el sol. El número exacto de repeticiones que pudo contar Bernard en esa jornada es de ciento ocho mil. Relata igualmente cómo los lamas que le acompañaban entonaban determinados cantos para infundirle a él mayores fuerzas.

Es evidente que, en todas las religiones, cultos y órdenes hay rituales prescritos en los cuales la repetición desempeña una parte fundamental. Esto nos trae a la ley de la sugestión. Fuerzas operando dentro de sus límites son capaces de producir resultados fenomenales. Es el poder de la sugestión —trátese de autosugestión o de sugestión multitudinaria— lo que pone en marcha los mecanismos de la mente subconsciente para que inicie su labor creadora. En ese preciso instante es cuando nuestras convicciones y repeticiones desempeñan su función. Porque son las repeticiones del mismo cántico, las afirmaciones reiteradas de lo que sea, las que generan la creencia y la fe. En cuanto se alcanza una convicción profunda, comienzan a ocurrir las cosas que imploramos.

Un contratista o ingeniero inspecciona sus planos para la construcción de un puente y, urgido por su deseo de obtener el contrato, se repite para sus adentros: "Yo puedo hacerlo. Yo puedo hacerlo". Puede que lo repita en silencio a sí mismo infinidad de veces sin darse cuenta conscientemente de que lo está repitiendo. Sin embargo, la sugestión halla en ello un terreno propicio en donde se va arraigando su anhelo y se va transformando en convicción. El más convencido consigue el contrato y construye el puente. Por el contrario, si se dice que no podrá hacerlo, entonces así será efectivamente.

Hitler uso una fuerza idéntica y el mismo mecanismo para la guerra. Una lectura de su libro *Mi lucha* lo corrobora. El Doctor René Fauvel, un famoso psicólogo francés, explicaba esto diciendo que Hitler tenía una comprensión remarcable de la ley de la sugestión y sus diferentes formas de aplicación, y que él movilizó cada instrumento de propaganda en su poderosa campaña de sugestión con inesperada habilidad y maestría del espectáculo. Hitler mismo decía abiertamente que la psicología de la sugestión era un arma terrible en manos de cualquiera que supiera cómo usarla.

La estrategia de Hitler consistió en la circulación de slogans, posters, pancartas gigantes y banderas por toda Alemania. Su foto estaba por todos lados. Las consignas se repetían también por doquier, en la radio, en la prensa, en las calles. Esta fue una estrategia de sugestión masiva que tristemente se repitió en el caso de Mussolini y también Stalin, denominado por el Instituto de hipnotismo moderno, en noviembre de 1946, como un "hipnotista de masas".

La sugestión fue también utilizada por los señores de la guerra japonesa para convertir a los japoneses en combatientes decididos. Desde el momento en que llegaban al mundo, los niños comenzaban a recibir una educación destinada a tales fines. Se les infundía la convicción de que eran hijos del cielo y que estaban destinados a gobernar el mundo. Ellos lo decían y lo repetían en sus cantos y plegarias cientos y miles de veces. Lamentablemente, en este caso también la sugestión fue mal utilizada para traer guerra.

Los norteamericanos también fueron sometidos al poder de la sugestión antes de la Primera Guerra Mundial y durante la misma. En la Segunda Guerra Mundial, se nos dijo una y mil veces que Alemania y Japón tenían que ser derrotados incondicionalmente. Bajo la constante repetición de esta misma idea, todos los pensamientos individuales quedaron paralizados y la masa norteamericana no tuvo más que un solo propósito: ganar la guerra, obteniendo la rendición incondicional de sus enemigos. Y es que, como dijo acertadamente un escritor: "En la guerra, la voz disidente es la voz de la traición".

De nuevo, vemos la terrible fuerza de repetir pensamientos; estos se transformaron en nuestros amos y nosotros hacemos como se nos ordena. Esta sutil fuerza de la sugestión repetitiva supera nuestra razón y actúa directamente sobre nuestros sentimientos y emociones, hasta lograr penetrar en las profundidades de nuestra mente subconsciente. Este es el principio básico de toda la publicidad exitosa: la continua sugestión repetitiva que primero nos infunde la convicción sobre la excelencia de un producto y después nos inspira el deseo de comprarlo. En los últimos años, hemos sufrido una especie de adicción por las vitaminas. Hemos oído decir en todas partes y desde todas las orientaciones que las vitaminas son buenas para esto y para lo otro, y son millones de personas las que las compran, evidentemente muchas de ellas sin necesitarlas para nada.

Durante varios siglos, los seres humanos consideraron los tomates como un fruto venenoso, y la gente no se atrevía a comerlos, hasta que algunos audaces decidieron probarlos y no les pasó nada. Hoy, los consumen millones de personas, sin saber que hace poco más de un siglo eran considerados como letales. Por el contrario, la modesta espinaca, considerada durante tantos años como un alimento valioso, rico en hierro, está condenada al ostracismo porque los hombres de ciencia han sugerido que su ingestión no aporta ninguna utilidad al organismo humano. A consecuencia de esta declaración, millones de personas, que se sentían maravillosamente alimentadas con las espinacas, ahora rechazan el plato favorito de Popeye.

Claramente, los fundadores de los grandes movimientos religiosos sabían mucho sobre el poder de la repetición sugestiva y con ella obtuvieron resultados de mucho alcance. Desde que nacemos, se nos inculcan sentimientos religiosos que a su vez fueron infundidos en el alma de nuestros padres y de nuestros abuelos durante siglos. Hay, sin duda, algo de magia en aquel tipo de creencia.

Afirmaciones tales como: "Los que no sabemos no nos hará daño" y "La ignorancia es una bendición" adquieren mayor significado cuando advertimos que las cosas que más pueden dañarnos o molestarnos son aquellas de las cuales ya hemos tomado conciencia. Todos hemos oído contar la historia de cierto hombre que no sabía cómo hacer determinada cosa, pero se propuso poner manos a la obra y la hizo. Los psicólogos nos dicen que los bebés tienen solo dos temores: miedo a los ruidos demasiado estruendosos y miedo de caer. Todos los restantes temores vienen con el conocimiento que vamos adquiriendo o desarrollando surgidas de lo que se nos va enseñando o de lo que vemos y oímos.

A mí me gusta pensar en las fuertes personalidades, en los hombres que son como robles poderosos, que son capaces de mantenerse firmes en medio de las variadas y exasperadas corrientes de pensamientos encontrados que los rodean. La verdad es que la mayoría de las personas son como los sauces temblorosos que se agitan al influjo de la menor brisa, porque se impresionan en la dirección de la exhalación de cualquier fuerte impresión mental.

La Biblia está llena de ejemplos sobre el poder del pensamiento y la sugestión. Léanse el Génesis, capítulo 30, versos 36 al 43, y descubrirán que incluso Jacob conocía ese poder. Ahí nos cuenta la Biblia cómo se las ingenió para desarrollar ganado, ovejas y cabras listados y con manchas, colocando en donde los animales bebían agua varas de árboles a las que les había arrancado parte de su corteza en forma de tiras. Los rebaños concibieron ante la vara manchada y produjeron ganado moteado y manchado. Por este procedimiento, Jacob se hizo rico.

También Moisés fue un maestro de la sugestión, la cual ejerció durante cuarenta y dos años sobre los israelitas, en los que no cesaba de prometerles día tras día llevarlos a la tierra de "leche y miel". David, obedeciendo a las fuerzas de la sugestión que operaban en él, no tembló ante el poderoso y bien armado Goliat y le dio muerte con una pedrada que le arrojó con su honda.

Juana de Arco, la aparentemente frágil doncella de Orleáns, creía oír voces, cuya influencia la sugestionó a tal punto que concibió la idea de que tenía la misión de salvar a Francia. Esa firme convicción le permitió transmitir su espíritu indomable al corazón de sus soldados y logró así derrotar a los británicos en Orleáns, que eran muy superiores en número y armas.

William James, padre de la psicología moderna en Estados Unidos, afirmaba que casi siempre es nuestra fe, creencia o convicción la que, una vez se arraiga en nosotros cuando queremos llevar a cabo una empresa que parecía de dudosa realización, revierte esta y nos asegura el éxito. La fe del hombre, según James, es la que actúa sobre las fuerzas que están por encima de él como exigiéndolo y originando la realización de tal exigencia. En otras palabras: el pensamiento es el verdadero padre de los hechos. Y para tener una mejor noción acerca la fe y su poder, sugiero que leyéramos la Epístola universal de Santiago en el Nuevo Testamento.

De hecho, cualquiera que haya presenciado un partido de fútbol americano, si es observador, habrá podido advertir la aplicación de las fuerzas de la sugestión. Knute Rockne, famoso entrenador del equipo de Notre Dame, conocía el poder de la sugestión y la utilizaba repetidamente. Él siempre adecuaba su método según el temperamento individual de cada equipo. Se cuenta que, cierto sábado por la tarde, el equipo de Notre Dame iba perdiendo en un encuentro famoso contra otro adversario de grandes méritos. Durante el descanso, los jugadores se hallaban en el vestuario, desconcertados y nerviosos esperando la llegada de Rockne. Finalmente, se abrió la puerta y Rockne cautelosamente asomó la cabeza y contempló a los jugadores. Luego dijo: "Perdón, señores, me equivoqué. Creí que era el vestuario del equipo de Notre Dame". La puerta se cerró y el entrenador desapareció. Los jugadores se sintieron primero intrigados y luego poseídos por una furia arrolladora, salieron al campo y ganaron el partido.

Los periodistas deportivos han explicado algunos de los métodos psicológicos utilizados por Rockne así como la "magia" empleada por Fielding Yost, Dan McGugin y Herbert Crisler para lograr que sus equipos alcanzaran el máximo entusiasmo emocional mediante la sugestión.

Esta misma fuerza que se advierte claramente en los deportes, actúa de igual modo en las fluctuaciones de la bolsa. Cualquier noticia desfavorable, inmediatamente produce una depresión en los precios, mientras que los comentarios favorables provocan un alza. Las operaciones intrínsecas de la bolsa no han cambiado, pero cuando se produce un cambio inesperado en el pensamiento de los entendidos y de los agentes de bolsa, instantáneamente se refleja en la mente de los que poseen las acciones. No es lo que ocurra o pueda ocurrir realmente, sino lo que los poseedores de títulos y acciones creen que va a ocurrir, lo que provoca las compras y las ventas.

Durante los años de la crisis económica, todos pudimos ver la fuerza de la sugestión trabajando al máximo. Día tras día escuchábamos expresiones como: "Corren malos tiempos", "Las cosas andan mal", "Quiebran los bancos", "No hay manera de salir a flote", y muchas otras conmovedoras historias sobre quiebras, ruinas y otros desastres, tan reiteradamente, que todos esos relatos de calamidades se convirtieron en una especie de himno nacional para millones de norteamericanos que creyeron que jamás volverían a conocer tiempos prósperos. Cientos y hasta miles de hombres con rígida voluntad cayeron víctimas de ese terrible pesimismo, y el dinero, que es siempre tan sensible, se oculta cuando comienzan a circular las sugestivas lamentaciones del miedo. Por consiguiente, las ruinas en los negocios y el desempleo se fueron multiplicando velozmente. En aquel entonces, todos escuchamos relatos más o menos fabulosos sobre las quiebras bancarias y sobre las grandes empresas que se iban a la ruina. Y lo peor del caso es que todo el mundo crédulamente lo asumía al pie de la letra y procedía en consecuencia.

Sin embargo, jamás volverá a haber una crisis como aquella si la gente advierte que solamente sus propios pensamientos son los que literalmente asisten a la creación de los tiempos difíciles. Piensan que los tiempos son malos y, por lo tanto, esos pensamientos engendran realmente los malos tiempos. Así ocurre con las guerras. El día en que los pueblos del mundo dejen de pensar en las crisis económicas y en las guerras, dejarán de existir unas y otras. No olvidemos que nada se produce en nuestro esquema económico a menos que primero lo concibamos en la imaginación y en la emocionalidad de nuestros pensamientos.

El doctor Walter Dill Scott, psicólogo que rigió durante largo tiempo los destinos de la Northwestern University, definió esta cuestión al decir: "El éxito o el fracaso en los negocios dependen más de las actitudes mentales de quienes los emprenden que de sus capacidades mentales".

Los seres humanos psicológicamente son iguales en todas las partes del mundo. Todos están sujetos a las mismas emociones, a idénticas influencias y a similares vibraciones. ¿Qué son un gran negocio, un pueblo, una ciudad, una nación, sino la coexistencia de pensamientos de seres humanos que, con sus creencias y convicciones, los mantienen en funcionamiento? Lo que los individuos piensan y creen ser, eso son. Lo que piensa la ciudadanía de sí misma, eso es; lo que cree ser una nación en cuanto a las convicciones que la integran es incuestionable. Cada persona es la creencia de sí misma, la imagen de sus propios pensamientos y convicciones. Como dijo el rey Salomón: "Lo que piensas en tu corazón, eso eres".

Recuerda el pánico ocurrido en la noche del 20 de octubre de 1938, cuando Orson Welles y su *Mercury Theater* difundió por radio una dramatización de la novela de H. G. Wells, *La guerra de los mundos*, que trata de la invasión de la Tierra por unos extraños guerreros del planeta Marte. Esta transmisión provocó pánico a millones. Muchos de ellos abandonaron las ciudades; las comisarías y las centrales de policía se vieron sitiadas por millares de personas; las líneas telefónicas quedaron bloqueadas a causa de tantas llamadas; las carreteras de Nueva Jersey quedaron taponadas por el intenso tráfico. En realidad, por espacio de las horas subsiguientes a aquella transmisión, se desarrolló un terrible pánico entre millones de radioescuchas, porque creyeron que nuestra Tierra estaba siendo objeto de un ataque por parte de los marcianos. Sí, la credulidad puede provocar y provoca a veces sucesos extraños.

Las concentraciones que se efectúan en los institutos y universidades antes de los concursos atléticos de importancia se basan siempre en los mismos principios: discursos, canciones y gritos solo tienen el objeto de crear el intenso grado de sugestión necesario para alcanzar la victoria. Muchos jefes de ventas utilizan el mismo principio en sus reuniones de cada mañana con los vendedores, recurriendo a entusiastas palabras de estímulo e incluso a la música para estimular a los vendedores y convencerlos de que pueden superar todos sus anteriores récords de venta.

En todos los ejércitos, con las naturales variaciones de cada institución, se utiliza dicho principio. Las órdenes reiteradas y los ejercicios en orden cerrado y abierto están destinados a desarrollar en las tropas el instinto de la obediencia que finalmente se transforma en algo automático. Simultáneamente, se procura crear una absoluta confianza en la superioridad de las propias fuerzas para alcanzar la victoria.

Es muy importante recordar que, aunque el subconsciente entra en acción inmediatamente bajo el ímpetu de las órdenes o sugestiones que recibe de la mente consciente o de los estímulos que recibe del exterior y que le son transmitidos por la mente consciente, se alcanzan los resultados más rápidos y eficaces cuando el mensaje de la mente consciente va acompañado por un cuadro mental de la meta que se desea alcanzar. Así aquel cuadro mental sea un mero proyecto, será suficiente para que el subconsciente actúe.

Esto nos lleva a los rituales y ceremonias que se celebran con gran despliegue escénico en los recintos de las iglesias y en los de las órdenes secretas, destinados a suscitar las emociones convenientes y a crear un cuadro místico en la mente de los asistentes. Esos rituales buscan retener la atención de los miembros que pertenecen a esa religión u orden secreta, y ligar el oculto significado de tales rituales solemnes con las ideas determinantes que se desea hacer arraigar en las receptivas mentes de los feligreses y adeptos. Juegos de luces, símbolos, artificios y música adecuada contribuyen a crear una atmósfera mística y un estado de receptividad. Esta idea es tan vieja como el mundo. No solo en las religiones de los pueblos civilizados sino en las de las tribus primitivas se recurre a esos ceremoniales que sugestionan. En las sesiones de espiritismo, de adivinación del futuro a través de la bola de cristal y en otras reuniones semejantes, también se utilizan procedimientos similares para impresionar el espíritu de los asistentes. Ni siquiera los gitanos desdeñan este aparataje en sus lecturas del futuro y sesiones de magia. Sin esa atmósfera que tiende a adormecer nuestra mente consciente y que incluso a veces la enajena por completo, sería muy difícil convencernos. El solo deseo de satisfacer totalmente nuestros anhelos por medio de lo místico y de lo milagroso generalmente no basta para que, por sí solo, provoque el arraigo de una fuerte convicción.

Con lo que digo no se pretende ningún propósito sacrílego, sino presentar un cuadro de la intencionalidad de los métodos históricos a los que recurren las religiones para llegar al espíritu de las masas y advertir cómo, despertando y estimulando el interés emocional, se predispone la atención de la mente consciente a través de estímulos que influencian la mente subconsciente. La dramatización es el primer paso efectivo para despertar las emociones de la gente, sea cual sea el propósito con el que se efectúa.

¿Podría acaso Aimee Semple McPherson, la de la larga y flotante túnica blanca y los pintorescos cabellos rojizos, haber logrado sus famosas curaciones y redimido sus almas dolientes sin recurrir al profundo conocimiento que poseía sobre el poder de la sugestión, la dramatización y de lo espectacular?

Sin embargo, hay hombres y mujeres poseedores de tan asombroso magnetismo personal que obtienen iguales y mejores resultados sin recurrir a dramatizaciones de ninguna especie. Esto se ve particularmente en algunos oradores que son maestros en excitar las pasiones y emociones por medio de los efectos tonales, por las sugestiones emotivas, por las gesticulaciones, por los movimientos de todo su cuerpo, por el magnetismo que emana de sus ojos, entre otras, a través de los cuales absorben y retienen la atención de sus oyentes y logran convencerlos y atraerlos.

Piensa por un momento en los talismanes, en los amuletos y en otros objetos de la buena suerte, como tréboles de cuatro hojas, herraduras viejas, rabitos de conejos, etcétera, en los que creen millares de personas. Por sí solos, tales cosas son simples objetos inanimados y carentes de poder alguno, pero cuando las personas les dan energía al pensar que tienen los poderes mágicos que les atribuyen, entonces sí pasan a tenerlos realmente. Es gracias al poder mental que les llega de las convicciones, de las creencias y de la fe (y solo por ellas) que estos objetos se hacen efectivos.

En personajes como Alejandro el Magno y Napoleón hallamos dos notables ejemplos de estas afortunadas motivaciones. En la época de Alejandro, los oráculos proclamaron que quien deshiciera el nudo gordiano se convertiría en el amo de toda Asia. Alejandro cortó el nudo gordiano con un solo tajo de su espada... y alcanzó colosales alturas y poderío. A Napoleón, siendo niño, le regalaron un zafiro con la profecía de que le traería suerte y lo convertiría en el emperador de Francia. ¿Puede caber duda alguna acerca de que fue realmente la convicción y certeza con que asumieron dichos vaticinios las que llevaron a estos dos hombres a la cúspide de la fama? Evidentemente, fueron superhombres, porque tenían convicciones más allá de lo normal.

Un espejo roto no trae mala suerte a nadie salvo a aquellos que así lo creen. La convicción arraigada sobre esa mala suerte, alimentada sin cesar en el fuero íntimo de la mente subconsciente, siempre convierte en realidad lo que uno cree.

Uno de los candidatos a la presidencia de los Estados Unidos apareció retratado frente a una puerta en la que había una herradura, símbolo de la buena suerte. Relato este hecho para que se vea que la creencia en los talismanes y símbolos de la fortuna no es propia solo de las personas sencillas de tendencias supersticiosas, sino con insospechada frecuencia se da también entre las personas ilustradas.

Se afirma que hay personas con tan fuertes poderes mentales que, cuando los dirigen sobre cualquier planta de cereales, hortalizas, flores o árboles, pueden hacerla crecer con notable rapidez y con mayores dimensiones de las habituales. Hace muchos años teníamos un jardinero suizo que insistió para que arrancáramos diversos árboles y plantas del jardín para reemplazarlos por otros. Aunque yo no veía razones suficientes para realizar tal sustitución, triunfó la insistencia del hombre y se llevó a efecto el cambio. Él hizo los hoyos para plantar los nuevos árboles y plantas, y advertí que, mientras plantaba cada uno, pronunciaba una extraña letanía, como un conjuro misterioso. Le pregunté qué hacía y, tras unos instantes de vacilación, me dijo:

> *Tal vez usted no lo entienda, pero les estoy hablando a estas plantas, diciéndoles que deben vivir y florecer. Es algo que aprendí, siendo niño, de un viejo maestro de mi tierra, Suiza. Todo cuanto crece debe recibir estos estímulos que ahora estoy procurando darles.*

Hay una gran distancia desde Suiza a la Columbia Británica, pero en esta provincia canadiense hay una tribu de indígenas que siempre les hablan a sus redes, anzuelos y cebos antes de empezar a pescar. Ellos sostienen que, de no proceder así, los peces no se dejan atrapar. Algo similar hemos oído sobre los isleños de los mares del Sur, que ofrecen comida a sus herramientas de caza, pesca y trabajo, y hablan con ellas como si fueran seres vivos para rogarles que les sean propicias en su empeño. Sin embargo, no hay mucha diferencia entre estas costumbres y las ceremonias de bendecir los grandes barcos cuando son botados al mar, ni con la bendición de las flotas pesqueras una vez por año, como ocurre en otros países, en las que se entonan fastuosas plegarias por el éxito de la empresa y por el feliz regreso de las embarcaciones.

Hay observadores científicos que afirman la existencia de una cierta afinidad entre determinados seres humanos y las plantas, estas últimas parecen sentir. La mayoría de los jardineros plantan las semillas solamente en ciertas épocas correspondientes a determinadas fases lunares. ¿Superstición? Tal vez es misticismo práctico. Los investigadores de la Universidad de Yale sostienen que los campos eléctricos desempeñan un papel muy importante en la vida de las plantas, y aquí no cabe duda de que se trata de una conclusión científica.

Cuando pienso en quienes siembran solamente en determinadas épocas de las fases lunares, no puedo menos que recordar a un vecino mío que, pese a ser un hombre muy culto e inteligente, se cortaba el cabello solo cuando la Luna estaba en cuarto creciente y jamás cuando se hallaba en menguante. Sostenía que, si se lo cortaba durante el menguante, el cabello crecía apenas. Le pregunté cierto día de dónde había sacado semejante idea y me miró como si estuviera yo subestimando su inteligencia y su cordura. Jamás se dignó responder a mi pregunta.

Lo que he dicho hasta ahora acerca de la vida vegetal y animal puede causar a personas que solo creen en lo que pueden tocar algún rechazo e indignación. Sin embargo, estas personas escépticas deben recordar que hay en el mundo muchas más energías y fuerzas en acción de las que sospechamos, y que sabemos muy poco o nada sobre ellas. Piensa simplemente en los nuevos descubrimientos tecnológicos y en los principios científicos desarrollados durante y después de la Segunda Guerra Mundial. Mientras estoy escribiendo esto, la Sociedad

Norteamericana de Cohetes Interplanetarios ha pedido permiso al gobierno de los Estados Unidos para intentar un viaje a la Luna. Tal vez la petición sea un tanto presuntuosa. Pero, ¿duda alguien de que algún día será posible viajar de uno a otro mundo por el espacio? Yo no conozco a nadie que se atreva a decir que sea imposible.

Resulta evidente que la imaginación humana o la visualización y la concentración son los principales factores que impulsan el desarrollo de las fuerzas magnéticas de la mente subconsciente. La convicción que se tiene al imaginar o ver mentalmente una cosa desempeña un importante papel la sugestión. Por ejemplo: deseamos tener una casa propia y la imaginación comienza a trabajar visualizándola en la imaginación. Al principio, solo tenemos una vaga idea del tipo de casa que deseamos. Más adelante, cuando charlamos sobre el tema con la familia o cuando formulamos preguntas a los entendidos y miramos fotografías o planos de casas, el cuadro mental que tenemos del diseño de nuestro futuro hogar comienza a ser cada vez más claro, hasta que finalmente concluimos por ver la casa hasta en sus mínimos detalles. A partir de ese instante, la mente subconsciente comienza a actuar para proporcionarnos la casa deseada. Y se transforma en realidad por cualquier medio. La construimos con nuestras propias manos, encargamos su construcción o bien compramos una casa ya construida por otros. La manera como se llega a lograr ese fin es lo de menos.

El proceso es el mismo cuando se aspira a un mejor empleo o cuando se desean unas vacaciones costosas. Comenzamos por verlos con los ojos del alma, y nos vemos desempeñando el trabajo al que aspiramos o emprendiendo el viaje. Del mismo modo, nuestros temores se convierten en realidad, como le ocurría a Job. Por fortuna, muchos de nuestros miedos no se materializan porque sostenemos a breves intervalos un cuadro mental de los mismos, sin retenerlos el tiempo suficiente para que se consoliden profundamente en nuestra mente subconsciente. Aquí ocurre igual que en la advertencia bíblica que dice: "Donde no hay visión, el pueblo perece", lo que es una gran verdad tanto a nivel colectivo como individual. Sin la visión o cuadro mental de lo que deseamos, poco se consigue. ¿Quieres un empleo mejor? Pues de seguro lo tendrás cuando le proporciones a nuestro subconsciente una imagen mental desempeñándote en ese trabajo.

Mientras escribo esto, pienso en las numerosas experiencias que me han sido referidas por quienes han utilizado esta ciencia durante muchos años, y deseo exponer algunas de esas experiencias a los lectores con el fin de que encuentren en estos relatos las pistas adecuadas para poder emplear eficazmente los principios y la mecánica que les estoy describiendo.

A un amigo mío se le ocurrió construir una lancha. No tenía la menor idea sobre la construcción de embarcaciones, pero estaba convencido de que, con algunas sencillas instrucciones, podría construir una. Puso manos a la obra. En el transcurso de su tarea, llegó un momento en el que necesitaba un taladro eléctrico, pero no quería gastarse los setenta y cinco u ochenta dólares que costaba el que él requería, puesto que solamente lo iba a utilizar por unos pocos meses. Al principio alquiló uno, pero solamente lo podía utilizar durante la noche y tenía que devolverlo por la mañana. Por consiguiente, el arreglo le resultaba muy desventajoso.

Un día me comentó:

Cierta noche, comencé a pensar que en alguna parte había un taladro esperándome y que terminaría por estar a mi disposición. Cuanto más pensaba en ello, más seguro me sentía que podría obtener el taladro apropiado. Pasaron varios días y no ocurrió nada, hasta que una tarde llegó un amigo, dueño de un garaje —al cual no había visto desde hacía dos años—, y me dijo que estaba interesado en la construcción de lanchas, por lo cual decidió visitarme al enterarse de que yo estaba construyendo una. Al verme trabajar dificultosamente con el enorme taladro alquilado, me preguntó de dónde lo había sacado. Le respondí que lo alquilaba y se echó a reír. 'Venga mañana a mi garaje y le prestaré uno mucho más manejable'. Sobra decir que fui por él y tuve el taladro todo el tiempo necesario hasta la terminación de la lancha.

Lo mismo me sucedió cuando comencé a cortar las costillas. Yo tenía una sierra, pero necesitaba una a motor para cortar las maderas de considerable grosor. Entonces, comencé a

> desear una sierra circular. Aquel pensamiento me llevó a una carpintería que había no lejos de mi casa. Me permitieron usar la sierra mecánica pagando cincuenta centavos por hora. Pero el trabajo de llevar y traer la madera me hacía perder mucho tiempo. Comencé a pensar que podría tener una sierra mecánica en casa y que la tendría. Al domingo siguiente, vino a visitarme un amigo y al preguntarme cómo iba la construcción del bote, le conté mi dificultad. También este amigo se echó a reír. 'El jueves compré una pequeña sierra mecánica que no pienso utilizar hasta dentro de bastante tiempo. Puedes utilizarla mientras instalo mi taller'. Al día siguiente, me la envió y yo la utilicé durante algunos meses. ¡Y terminé mi lancha!

Otro hombre me contó cómo consiguió una escalera agrandable que necesitaba para pintar su casa.

> Pensé hacerlo durante mis horas libres y comencé a ver de dónde podía sacar la escalera. Visité lugares en donde podía alquilarla, pero me exigían devolverla a determinadas horas y no entraba en mis planes. Ignoro cuántas veces me dije a mí mismo: 'Ya conseguirás una escalera en las condiciones que deseas'. Y así fue. El día de Todos los Santos, mientras me hallaba en el patio de mi casa, advertí que mi vecino del otro lado de la calle estaba utilizando una larga escalera para lavar el frente de su casa. Le pregunté que dónde la había conseguido y me dijo que la había comprado al adquirir la casa. Aquella misma tarde, me la prestó y la utilicé por espacio de varias semanas.

Otro hombre me dijo que, poco después de entrar Estados Unidos en la guerra, él necesitaba un cubo de determinado tamaño para la basura, pero debido a las restricciones de la situación, no podía adquirirlo. En su empeño por conseguir tal recipiente, recorrió toda clase de establecimientos, incluso los de venta de artículos de segunda mano, infructuosamente. Ya estaba a punto de renunciar a su búsqueda cuando descubrió a un tropel de obreros que estaban haciendo reparaciones en un edificio frente a su casa. Los obreros utilizaban determinado material impermeable para la reparación, el cual extraían de un gran cubo, justamente igual al que él había imaginado. Preguntó al capataz qué pensaban hacer con el cubo cuando hubieran concluido la tarea, y le dijeron que lo dejarían donde estaba para que luego lo retirase un camión de reciclaje. Entonces él les explicó su necesidad, y un par de días después el cubo estaba en su garaje. Los trabajadores no solo lo habían vaciado del material, sino que lo lavaron antes de entregárselo.

Cierta vez llevé mi automóvil a un taller para que le arreglaran el sistema de encendido que nadie había podido arreglar en los diferentes talleres adonde lo llevé. Informé al técnico lo que sucedía y él me contestó: "Seguro que puedo arreglárselo". Yo le contesté: "La convicción es una gran cosa, ¿verdad?". "Desde luego que sí", contestó el hombre, añadiendo: "El pensamiento es la mayor fuerza que existe en el mundo, pero solo los necios se ríen cuando uno habla de ello".

—Yo no me río. A mí me interesa —le contesté—. Cuénteme algunos casos en los que haya usted tenido pruebas del poder del pensamiento.

—Podría estar todo el día contándole casos evidentes... relativos a mi persona.

—Reláteme unos cuantos ejemplos. ¿Cuándo lo descubrió usted?

—Hace unos doce años, cuando, a consecuencia de una caída, me rompí la columna vertebral. Estuve enyesado durante largo tiempo y los doctores me dijeron que me quedaría paralítico por el resto de mi existencia. Y mientras yacía en el hospital tendido boca arriba, me acordaba con frecuencia de las palabras de mi madre: "No hay más que creer para conseguir las cosas". Un día se me ocurrió que, si lograba concebir y mantener la imagen mental de mi restablecimiento y si creía firmemente en mi curación, me sanaría. En resumen: aquí me tiene metiéndome debajo de los coches o arrastrándome sobre ellos, lleno de salud y energías.

—Muy interesante —le dije—. Cuénteme un caso más.

—Lo mismo me ha dado resultados en los negocios. Este local es consecuencia de ello. Como usted sabe, se me quemó el taller hace unas cuantas semanas y, debido a la guerra, era casi imposible encontrar un local. Por espacio de varios días, en vista de que no lograba dar con el sitio adecuado, estuve considerando la posibilidad de trabajar para alguien. Una noche tomé la firme decisión de seguir trabajando por mi cuenta. Y así, antes de dormirme, me dije: "Dentro de poco encontrarás el local que necesitas", y me dormí con la absoluta confianza de que así ocurriría. Al día siguiente, fui a visitar al pintor que estaba repintando mi automóvil, salvado por milagro del incendio, y le dije que estaba buscando local. "¡Qué curioso! —comentó—. Puede usted alquilar este mismo, porque yo he comprado el de la cuadra de al lado a un comerciante que quiere retirarse". Y aquí me tiene usted en un local más céntrico que el anterior y con más trabajo que nunca.

Ya sé que algunos lectores dirán que esas fueron meras coincidencias, pero mis archivos están llenos de "coincidencias" similares. Para algunos es posible que no pasen de ser eso, pero para los que estén más o menos familiarizados con esta ciencia no lo son, pues saben que tales "coincidencias" no son sino el resultado de la representación mental o visualización de lo que deseamos. Sin embargo, llegamos de nuevo a una controversia de opiniones y a las diferencias de conclusiones entre aquellos que piensan que todo esto no son sino tonterías y quienes están convencidos de que las cosas que pensamos se materializan según como las imaginamos.

Recordemos nuevamente a Paracelso que decía: "Los hombres que rechazan el poder de la percepción espiritual son incapaces de reconocer nada que no sea visible externamente".

Es cosa admitida que la mente subconsciente actúa como resultado de las imágenes que le proporcionamos. Con todo, si hay algún defecto en nuestro aparato mental conceptivo, entonces la imagen proyectada es borrosa y confusa, invertida o sencillamente no refleja nada. Las dudas, los temores, los pensamientos contradictorios y las ideas concebidas con confusión desempeñan su función de confundir la imagen que ansiosamente tratamos de proyectar.

Aquellos que tienen una imaginación desarrollada, como los grandes artistas, los escritores y los inventores, poseen el don de visualizar o formarse imágenes mentales a voluntad. Sin embargo, con la mecánica que seguiré describiendo en las siguientes páginas y con las explicaciones que al respecto seguiré exponiendo, cualquiera que las aplique no tendrá la menor dificultad para ver las cosas que visualice con los ojos de la imaginación, y podrá proyectarlas a su subconsciente con las situaciones y los objetos que desee ver materializados en la realidad.

Uno de los más grandes pescadores de caña que yo haya conocido empleaba ese método de visualización. Se sentaba en una barca junto a otros pescadores y comenzaba a sacar trucha tras trucha, mientras que sus compañeros, usando idénticas cañas y cebos e incluso la misma técnica, y pescando junto a él, no lograban sacar ni un solo pez. Le pregunté cuál era su secreto y me contestó que mentalmente se imaginaba a los peces picando el anzuelo.

Cuando le conté la historia a otro pescador, se rio despectivamente: "Eso es ridículo. Cualquier buen pescador tiene que conocer las corrientes del agua, los agujeros, las costumbres de los peces, el tipo de cebo que conviene usar, entre otras, y pescará si los peces se hallan ahí". Sin embargo, no pudo explicar cómo otros tan expertos en la técnica de la pesca no lograban pescar en el mismo punto donde nuestro afortunado pescador llenaba sus cestas de truchas. Yo no soy pescador, pero dudo de que es la ley de atracción del pensamiento la que actuaba en el caso que he expuesto. De hecho, Ben Hur Lampman, director del The Oregonian y autor de numerosos libros y artículos sobre pesca y temas afines, además de naturalista de fauna, me ratificó por escrito esta opinión.

Algo semejante he presenciado en el golf. Durante años, me interesé por dicho juego y fui miembro de varios clubes. Jugué frecuentemente con un hombre que, en su juventud, había sido uno de los campeones del mundo de tenis. En el golf, él era uno de los más sorprendentes jugadores de tiro corto. Era capaz de meter la pelota en el hoyo como por magia y, desde luego, en los tiros largos la disparaba a voluntad hacia donde quería.

Cuando le pregunté cómo lograba tan sorprendentes tiros, me contestó:

> *Bueno, usted ha jugado squash y sabe bien lo que significa enviar la pelota contra el punto de la pared que deseamos. Intuitivamente, la colocamos alta o baja para que rebote de modo que le sea difícil alcanzarla al adversario. En el tenis ocurre algo parecido, y yo me habitué a dirigir la pelota a donde quería. Eso se logra concibiendo rápidas imágenes mentales del sitio donde va a parar la pelota antes de golpearla con la raqueta o con la mano, según el juego. En el golf utilizo el mismo principio. En otras palabras: cuando estoy en la cancha, antes de golpear la pelota, pienso en dónde deseo que caiga y, mientras doy el golpe, la estoy viendo caer de antemano en el lugar elegido. Cuando se trata de tiros cortos, antes de golpearla la veo entrando en el agujero. Desde luego, es importante también tener la experiencia y la práctica del juego y dominar su técnica, pero son muchos los golfistas de notable técnica que logran resultados muy desafortunados. Lo principal es imaginarse en dónde va a caer la pelota... y allí cae. Yo tengo la confianza, la seguridad de que puedo lograrlo y, cuando dirijo la pelota hacia el hoyo, esta, al hallarse cerca, disminuye la velocidad y se introduce limpiamente.*

Quienes levantan las cejas al leer esto deben leer la historia escrita por el famoso redactor norteamericano de deportes, Grantland Rice, sobre el formidable jugador de golf John Montagú. Rice afirma que Montagú enviaba la pelota exactamente al punto que deseaba, dejándola a menos de un metro del hoyo, en el cual la metía luego con sorprendente precisión. Leamos ahora la explicación que da el propio Montagú, publicada en el mismo diario de Rice.

> *El golf se juega con la cabeza, la mente, el cerebro o como queramos llamarlo. Desde luego, es conveniente dominar la*

técnica, pero lo que proporciona el éxito es trazarse un claro cuadro mental de lo que se va a hacer antes de lanzar. Es ese cuadro mental trazado de antemano el que provoca la reacción muscular acertada. Si no hay cuadro mental, los resultados son vagos e inciertos. Esto implica una constante concentración mental durante el juego. Si no la hay, se juega mal.

Gene Sarazén, que fue uno de los mejores profesionales de golf de todos los tiempos, utilizaba un método similar en sus partidos, y basta leer su libro *Golf Tips* para hallar su concepción sobre cuadros mentales, objetivos, concentración y convicción. Todos los jugadores de golf tienen una noción de los "obstáculos mentales". Por supuesto, hay una serie de trampas y obstáculos en el juego, como bancos de arena, hondonadas, agua, etcétera, que tienen realidad física. Pero, para muchos jugadores, lo peor de todo es su temor de dirigir la pelota hacia una de esas trampas... Y sus temores se materializan.

El autor de este libro solía jugar en una cancha de golf donde había un charco de agua realmente fácil de salvar. Sin embargo, uno de los jugadores estaba sugestionado y, pese a sus esfuerzos, invariablemente mandaba la pelota al agua con las consiguientes maldiciones por su parte y las risotadas por la nuestra. En vista de sus reiterados fracasos, un día le dije: "Yo sé que el agua lo obsesiona, pero en lo sucesivo salvará el obstáculo sin novedad. Simplemente, al hacer el tiro, olvídese del agua y 'vea' mentalmente cómo la pelota cae en el campo sobre el lugar adecuado". El hombre así lo hizo y, desde entonces, el obstáculo que le arruinaba los partidos dejó de serlo para él.

Al observar los juegos de billar, he llegado a la conclusión de que muchos jugadores influyen sobre la dirección de las bolas mediante la fuerza de su pensamiento, aun cuando es posible que muchos de ellos ignoren el poder que están utilizando. Si la convicción puede actuar sobre una pelota de golf, es evidente que también puede hacerlo sobre una bola de billar.

Roy Chapman Andrews nos cuenta la historia de un hombre de San Antonio, Texas, quien, con un rifle de calibre veintidós, efectuó catorce mil quinientos disparos contra unos pedacitos de madera lanzados al aire... sin errar un solo tiro. Andrews habla de la precisión del extraordinario tirador, pero nada dice de sus cuadros mentales que indudablemente utiliza. Sin embargo, todo aquel que tenga la costumbre de cazar o tirar al blanco sabe la importancia que tiene la imaginación.

En todos los deportes, descubrimos el mismo tipo de "magia" en acción. Los grandes bateadores del béisbol, los notables jugadores de rugby y de fútbol, todos ellos se trazan una imagen mental de la pelota cayendo en el lugar exacto. Por supuesto, la práctica, el entrenamiento, la técnica y demás recursos desempeñan un papel importante, pero lo que jamás debe subestimarse es la importancia de la imagen mental previa.

A este respecto, me llamaron la atención algunas afirmaciones hechas por el doctor Marcus Bach en su reciente libro *They Have Found a Faith*. El autor nos cuenta que cierta vez inició un juego de bolos con el Padre Devine y, al observarlo cómo agarraba la bola, comprendió que no había jugado en su vida a este juego. Sin embargo, el Padre Devine hizo una moñona en su primer tiro que, según el doctor Bach, fue la moñona más perfecta que hubiera visto en su vida. Y comenta el doctor Bach: «Realizada su hazaña, el Padre Devine se frotó las manos como diciendo: "¿Qué otra cosa podía usted esperar siendo Dios el que dirigía la bola?"».

El doctor Bach habla también de su entrevista con Rickert Fillmore, director de Unity City e hijo de uno de los fundadores del movimiento de Unity. Al preguntarle el autor si las normas religiosas del movimiento Unity podrían aplicarse a una empresa inmobiliaria, el Señor Fillmore contestó: "Si sirve para algo, sirve igualmente para todo".

Muchos de los lectores de este libro tal vez no jueguen al golf ni al billar, pero he aquí un sencillo experimento que les demostrará la eficacia de ese extraordinario poder de atracción que se consigue con la visualización o concepción de las imágenes mentales. Cuando salgan al campo, seleccionen unas cuantas piedritas corrientes, piedras que se puedan lanzar con facilidad, y sitúense frente a un poste o a un árbol delgado. Aléjense de él nueve o diez metros y empiecen a tirarle las piedras. Salvo que tengan ustedes mucha experiencia —cosa poco común—, la inmensa mayoría de las piedras no tocarán el objetivo. Cesen entonces de tirarlas y comiencen a decirse que la van a dar con seguridad al poste o al árbol elegido. Imagínense, seguidamente, la trayectoria que describe la piedra y véanla dando en su objetivo e incluso en el punto exacto que ustedes deseen, y descubrirán con sorpresa que dan en el blanco. Ni se les ocurra pensar que es imposible. Inténtelo con la absoluta convicción de lograrlo y ya verán los resultados positivos.

En los primeros días del racionamiento de la gasolina durante la guerra, nadie consideraba un crimen tratar de conseguir más combustible del asignado mediante los cupones. Un amigo mío no tenía la suficiente gasolina para llegar a su lago favorito a cazar patos. Un domingo, estando en su casa, me contó que estaba a punto de renunciar a la caza cuando pensó poner en práctica esta ciencia mental para conseguir más gasolina. Esto me dijo:

Desde luego, todos mis compañeros de oficina sabían mi dificultad. Si informaron o no a sus amigos sobre mi problema es cosa que ignoro, pero lo cierto es que mucha gente me cedió parte de sus cupones de gasolina y yo obtuve el combustible suficiente para ir a cazar. Antes de lograrlo, estuve varios días alimentando la imagen mental de mi propia persona cazando patos, y me veía en mi automóvil con gasolina abundante. Algunos podrían considerar esto una cosa rara, pero lo cierto es que logré mi deseo. Incluso un campesino amigo me dio parte de su gasolina de racionamiento.

Veamos ahora esta ciencia aplicada a la cocina. ¿Se le ha ocurrido pensar a alguien que los buenos cocineros la aplican, consciente o inconscientemente? Dos personas pueden intentar hacer el mismo tipo de pastel. Utilizan los mismos ingredientes y siguen las mismas instrucciones al pie de la letra. Sin embargo, a una de ellas le sale maravillosamente bien y a la otra mal. ¿Por qué? En el primer caso, el cocinero está seguro de que le va a salir bien. Ve el pastel logrado a la perfección. En el segundo, el cocinero está lleno de dudas y vacilaciones. Sabe que otras veces ha fracasado y teme fracasar también en esta ocasión. Y, en efecto, fracasa. Y así, el que concibe la perfecta terminación de su labor imaginándola de antemano consigue realizarla tal como se lo ha propuesto.

Si eres un cocinero mediocre, pero te gusta cocinar (lo cual también es un requisito importante), aférrate a la idea de que puedes preparar platos exquisitos, por cuanto posees todos los conocimientos necesarios que acudirán en tu ayuda con tal que de que creas en ellos. Inicia, pues, la tarea con toda tu alma y con todo tu corazón, y hasta tú mismo te quedarás sorprendido de los buenos resultados que obtendrás.

Esta misma ley actúa en cualquier actividad a la que se aplique, desde los deportes hasta el éxito en los negocios.

Pensemos en un ejemplo de la guerra. El general Douglas Mac Arthur afirmó al salir de Filipinas: "¡Volveremos!". Y con nuestra flota hundida en Pearl Harbour, casi sin aeroplanos y prácticamente sin transportes, y con los japoneses dueños del todo Pacífico Sur, Mac Arthur no podía tener ninguna prueba física de que podría regresar. Sin embargo, debió tener en aquel instante una visión mental de su regreso, de lo contrario no hubiera formulado esa declaración. Esta fue una afirmación dictada por la confianza o la convicción, y la historia constata su retorno triunfal.

Millares de casos semejantes ocurrieron durante la guerra y siguen ocurriendo en la actualidad.

Capítulo 5
Las imágenes mentales y cómo utilizarlas

Una vez, cuando estaba en el negocio de las inversiones bancarias, Bob, uno de los vendedores jóvenes, fue a mi oficina para pedirme consejo.

"Quisiera que me dijeras", preguntó, "cómo puedo superar el miedo al señor Smith. Sé que puedo venderle si logro verle y hablar con él a su mismo nivel. Como están las cosas ahora, él me da miedo a mí y a todos los demás vendedores".

El hombre a quien se refería es un millonario con una imponente organización. Se trata de un tipo corpulento, de gran masa de cabello y espesas cejas quien, por sus modales bruscos, asusta a los hombres tímidos. Sin embargo, yo sabía que le gustaban los tipos capaces de hablarle sin temor.

El vendedor se imaginaba al hombre tal y como yo lo veía.

Entonces le dije:

"Sabes que este hombre no va a hacerte ningún daño físico. Supongamos que te lo encuentras en la playa en vestido de baño. ¿No le tendrías miedo, verdad, incluso si descubres que es un sujeto muy velludo?".

"Claro que no", me contestó.

Entonces se arraigó en mí la idea del vello y agregué:

"Bob, ¿no has visto nunca a esos osos de feria o de circo que bailan con un gorrito? Ellos gruñen, pero casi todos carecen de dientes y no pueden morder".

"Sí. Los he visto".

"Bueno, usa tu imaginación. Imagínate a nuestro amigo convertido en uno de esos inofensivos osos, con su capa, su collar y su anillo en la nariz. Verás cómo se te desaparece el miedo".

El vendedor se fue riéndose de buena gana. Unos días después, le vendió bonos por valor de veinte mil dólares, y es posible que el temible hombre en cuestión todavía se esté preguntando cómo se atrevió a verlo un vendedor joven y, aún más, cómo consiguió venderle tan grande suma.

Dos semanas después, el mismo vendedor estaba de vuelta en mi oficina y me contó que había recurrido al mismo procedimiento para hacer otra venta, esta vez a un viejo irritable y gruñón, de patillas canosas y apariencia patriarcal e inaccesible, cuya lengua, que parecía impregnada de ácido, horrorizaba a todos los vendedores.

"El viejo en cuestión me había dado algunos regaños tiempo atrás. Yo sabía que tenía dinero, pero cada vez que pasaba frente a su tienda y lo veía gruñendo (pues gruñe sin parar), no lograba reunir el valor suficiente para encararme con él. Hace unos días, siguiendo sus consejos, comencé a construirme una imagen mental y se me ocurrió imaginármelo como si fuera Santa Claus. Me dije: seguro que ese tipo es el propio Santa Claus. ¿Quién puede temer nada de tan respetable y amable personaje? En síntesis, me dio resultado, le vendí cinco mil dólares. Incluso estuvo amable conmigo y me dijo que volviera la semana próxima, pues desea que me encargue de sus bonos, lo cual significa más negocios".

Muchos hombres que ocupan cargos ejecutivos adoptan tal actitud de importancia que impresionan y asustan a los demás. Con sus oficinas aparatosas, secretarias, empleados y demás, montan una escena que cohíbe a quienes van a verlos. Sin embargo, basta pensar que esos hombres son simples seres humanos, con los mismos temores, las mismas fragilidades y los mismos defectos que son comunes a millones de seres (e incluso, a menudo, de almas apacibles), para poder enfrentarlos con ventaja. Basta imaginarlos como realmente son, en lugar de como pretenden o aparentan ser, para que desaparezca la timidez inhibitoria. Los hombres de verdadera nobleza son, por lo general, muy accesibles y rara vez se atrincheran para impedir que la gente llegue hasta ellos. Si eres vendedor, no olvides esto cuando visites a alguien que aparenta ser superior a los demás.

Un abogado me relató una experiencia que ilustra perfectamente lo que estoy diciendo:

Cierta vez tuve un pleito debido al cual debía enfrentarme con un abogado famoso al que todos los profesionales jóvenes le teníamos miedo. Confieso que, durante un momento, mientras entrábamos en la sala, me sentí intimidado. Cerré los ojos y me dije: 'Soy tan bueno como él y, sin duda, mejor que él. Puedo derrotarlo y lo derrotaré'. Durante unos instantes, repetí varias veces dicha frase y otras semejantes, y cuando abrí los ojos, le aseguro que hubiera vencido a dos adversarios como él. Ahora, siempre recurro al mismo ritual cuando me encuentro con un caso difícil o ante un jurado que parece hostil. Tal vez sea suerte, quizás se trate de exagerado optimismo, pero lo cierto es que me da resultados.

Las personas de exterior enérgico por lo general son "blandas" por dentro y, en cuanto el que se les enfrenta elimina las inhibiciones que por sí mismo se crea, pasa a dominar la situación. Cuando el lector tenga que enfrentarse con algún hombre "difícil", aspire profundamente el aire dos veces y convénzase a sí mismo de que el asunto será fácil... y lo será.

Durante la crisis de los treinta, un grupo de directores de una gran cadena de supermercados vino a verme para pedirme ayuda. Al cabo de un curso de conferencias de seis semanas, decidieron poner en práctica mis enseñanzas. Acordamos que cada establecimiento pondría en práctica esta ciencia una vez por semana para impulsar la venta de determinados artículos. Tras un considerable debate, seleccionamos entre los artículos a vender: queso, asado, salmón y calabaza Hubbard (el director de uno de los establecimientos, de los que estaban situados en las afueras, manifestó que podía comprar a buen precio grandes cantidades de calabaza Hubbard a un granjero cliente). El día antes de cada intento de venta de uno de los productos, el director instruía a sus vendedores para que se trazaran una imagen mental de cada cliente que entrara y lo concibieran comprando el artículo del día. Desde luego, los artículos elegidos fueron exhibidos, pero a cada vendedor se le instruyó para que pensara insistentemente en venderle el producto elegido a cada comprador. Los resultados fueron sorprendentes. El supermercado especializado en la venta de queso vendió ese día más queso del que había despachado en los seis meses anteriores. La tienda que se especializó en la venta de asado lo había liquidado totalmente antes del mediodía. La que se entregó a la venta de salmón vendió el día indicado más salmón que el resto de los demás establecimientos de la cadena en conjunto. Y la que se entregó al despacho de alabaza Hubbard no solo agotó las vastas existencias que tenía, sino que tuvo que pedirle dos veces más al campesino que se los suministraba durante la jornada que le correspondió.

Hoy, con la sola excepción de uno que murió en la guerra, cada uno de los directores que siguieron el curso del que hablo ocupan puestos ejecutivos de importancia o trabajan independientemente y con mucho éxito. Uno de ellos, por ejemplo, es dueño de tres establecimientos. Otro dirige una importante cadena de supermercados en un estado vecino.

Recuerdo la conversación que sostuve con el jefe de una gran agencia de publicidad que, por un buen número de años, estuvo encargado de la propaganda de un gran comerciante de café, el cual había vendido su negocio recientemente.

Si alguna vez existió un hombre que utilizara esta ciencia para su propia ventaja, ese hombre es el viejo M. Entró en el negocio de niño y aprendió a tostar y mezclar el café. Llegó a la conclusión de que él lo haría mejor que nadie si se instalaba por su cuenta. Tenía la absoluta convicción de que él lograba la mejor mezcla de café e incluso ahora, que se ha retirado al cabo de muchos años, sigue estando convencido de que su café es el mejor del mercado. Desde luego, esa convicción lo ha hecho millonario.

Cierta vez le di a un impresor un pequeño manuscrito para editarlo en forma de folleto. Se trataba de un tema relativo a la magia de creer. A la mañana siguiente, el hombre entró en mi oficina casi sin aliento y temblando. Le pregunté si le ocurría algo malo y me dijo:

Me sucedió algo extraño. Anoche leí su manuscrito y me dije: 'Si esta ciencia es eficaz, como su autor proclama, mañana encontraré lugar para estacionar mi coche frente a su oficina cuando vaya a verle'. Ya no volví a pensar en el asunto hasta que tomé el coche para dirigirme hacia aquí, y entonces volví a pensar que podría hallar espacio para estacionar. Bueno, doblé la esquina, pero no se veía ni un solo hueco en toda la Sexta Avenida. Ya iba a olvidarme de todo y a considerar que era una tontería cuando, al acortar la marcha para dejar pasar a unos peatones, vi que salía un coche ¡frente a este mismo edificio! Me quedé estupefacto. Claro, puede ser una casualidad.

"Quizás, pero: ¿por qué no prueba otra vez?".

El hombre probó y obtuvo los mismos resultados favorables por espacio de años. El lector puede llamar a eso coincidencia, pero el impresor no, sobre todo cuando, aplicando el mismo sistema, triplicó el volumen de su trabajo, a pesar de que las demás imprentas decaían.

Cuando he contado la experiencia del impresor, muchos me han revelado que también ellos se las arreglan para hallar espacio de estacionamiento siguiendo el mismo método. Una mujer me contó que ella y su hermana, siempre que se dirigían al centro de la ciudad, se decían que hallarían lugar para estacionar y el asunto jamás les falló... y justamente en el lugar deseado.

Otra mujer, una doctora en dietética que trabaja en un gran hospital, me dijo:

La eficacia de ese poder o lo que fuere a veces me hace estremecer. Le daré un ejemplo que se repite con frecuencia. Cada mañana, cuando salgo para mi trabajo, al llegar a la zona de mayor circulación, siempre encuentro las luces del tráfico señalándome paso libre, de manera que llego sin detenerme. No me acuerdo ni de una sola vez que me haya topado con la luz roja obligándome a detenerme. Ahora lo doy por sentado.

Una vez, una mujer obtuvo una multa por violar las señales del tráfico; pero, según los diarios, convenció al juez de que estaba prendida la luz verde cuando ella cruzó. El juez la puso en libertad cuando ella dijo:

«Señor juez, la luz tenía que ser forzosamente verde, pues siempre encuentro paso libre, ya que, en cuanto llego a un cruce, digo: "Luz verde, préndete; luz verde, préndete"».

Sin embargo, el policía sostuvo que estaba encendida la luz roja. De todos modos, aquella señora convenció al juez de su propia convicción y, evidentemente, estaba segura de su capacidad de lograr que las señales del tránsito le fueran favorables invariablemente.

Otra mujer me contó acerca de un viaje que hizo en automóvil desde Washington, capital federal, hasta una ciudad de la costa del Pacífico, donde habían destinado a su esposo durante la guerra.

Al principio estaba asustada. Jamás había hecho sola un viaje tan largo. Un día empecé a pensar en mi abuela, que figuró entre los pioneros del Noroeste del Pacífico y que hizo muchas cosas sola. Mis temores desaparecieron. Sin embargo, el hombre del garaje que revisó mi coche antes de partir me dijo que no me aventurara. Los neumáticos estaban muy gastados y reventarían sin duda alguna. Con todo, yo estaba empeñada en hacer el viaje y sin pérdida de tiempo, no le hice caso. Emprendí la marcha convencida de que los neumáticos me durarían lo suficiente y de que llegaría sin novedad. Y así fue.

Otro caso que respalda mis afirmaciones es el de una compañía de petróleo en la cual había en juego más de un millón de dólares. En sus comienzos, la compañía experimentó graves dificultades económicas que impusieron la necesidad de reorganizar toda su estructura financiera. Se les pidió a los accionistas que se imaginaran el petróleo convirtiéndose en dinero, es decir, que concibieran gráficamente a la compañía como una fuente abundante de ingresos. Digamos, marginalmente, que la compañía en cuestión operaba en un campo dominado por otras empresas mucho más fuertes. Sin embargo, superó todas las dificultades y ganó considerables sumas. Más tarde, se vendió y los accionistas recuperaron su dinero con sus intereses.

Jimmy Gribbo, conocido manager de varios campeones de boxeo, afirma que hizo triunfar a sus clientes enseñándoles a verse a sí mismos como vencedores antes de cada encuentro.

Yo sé que algunos de mis lectores, especialmente los que no saben mucho de la ciencia mental, pueden poner en duda algunos de estos relatos. Sin embargo, su veracidad es indiscutible. Además, muchos de sus lectores pueden contar historias más sorprendentes todavía.

G.N.M. Tyrrell, un famoso investigador inglés y autor de varios libros, afirma que si introducirnos en nuestra mente subconsciente el propósito de hacer una cosa determinada, iniciamos una cadena de acontecimientos que hacen que se materialice el proyecto en cuestión. El doctor Shailer Mathews, de la Universidad de Chicago, afirma que "nosotros influimos sobre los acontecimientos que nos suceden mediante los deseos fuertemente sentidos, y que hay pruebas psicológicas en nosotros mismos sobre los efectos de tales deseos".

He aquí dos casos.

Una señora dueña de una casa de antigüedades y famosa autoridad en esta materia, cuyo consejo y opinión buscaban muchas mujeres, sentía tedio por las actividades sociales. Una dama de la sociedad con frecuencia la asediaba invitándola a tés y cenas distinguidas con la única pretensión de que la vieran junto con ella. Sin embargo, la dueña de la casa de antigüedades le rechazó invitación tras invitación. Hasta que, cierto día, no pudo evitar aceptar. Se trataba de concurrir juntas a una conferencia que iba a dar un orador famoso en un club femenino.

La señora, tan pronto aceptó la invitación, se arrepintió de haberlo hecho. A partir de aquel instante, se pasaba las horas pensando en la excusa que habría de darle para no ir. Cosa difícil después de haber aceptado, pero estaba resuelta a no acompañarla a la conferencia. El día de la cita la señora tomó la decisión de telefonearle diciéndole que un compromiso importante e ineludible la obligaba a cancelar el que tenía con ella, cuando de pronto se le apareció la señora muy consternada para anunciarle que la conferencia había sido suspendida.

Creo firmemente en lo que usted afirma. Estoy segura de que mis pensamientos fueron los que provocaron la suspensión de la conferencia. Sé que algunos dirán que fue una coincidencia. Que la llamen como quieran, pero suceden cosas más extrañas aún y no todas son coincidencias.

La otra historia se refiere al director de una compañía que fabricaba un remedio contra la alergia. Acababa de llegar a la ciudad y, habiendo alquilado un departamento próximo a su oficina, necesitaba un teléfono. En aquel tiempo, poco después de haber estallado la guerra, la compañía telefónica tenía una larga lista de personas que esperaban su turno y solamente instalaban los teléfonos siguiendo una estricta lista de prioridades, tales como médicos, policías, oficiales de bomberos, entre otras.

El hombre llevaba intentando conseguir teléfono por espacio de más de dos meses y había visto a todas las personas que podían ayudarle. Por intermedio de un amigo común, supo que yo conocía al director de la compañía y vino a verme. Le dije que, en modo alguno, podía pedirle al director que le instalara el teléfono, saltando por encima de muchas otras personas que lo habían solicitado antes y que también lo necesitaban.

Le pregunté con qué personas había hablado y me dio varios nombres de funcionarios que ocupaban cargos de diversa importancia en la empresa. Me explicó que para él era vital conseguir el teléfono porque él era quien únicamente podía manejar los asuntos de la compañía farmacéutica después de las horas de oficina.

—¿Tiene usted muchas llamadas de larga distancia? —le pregunté—. ¿Cuánto paga su compañía mensualmente a la empresa telefónica?

Me dio una cifra considerablemente alta por llamadas de larga distancia y demás.

—Entonces, tome las cuentas de los últimos meses, vaya a ver al jefe, mírelo fijamente a los ojos y dígale que tienen que instalarle el teléfono sin demora. No se presente ante él hasta que usted mismo no esté absolutamente convencido de que puede convencerle. De no ser así, su gestión resultaría inútil. Constrúyase la imagen mental de que ya tiene el teléfono instalado en su departamento y crea firmemente en ello.

—Lo intentaré —dijo, y luego, alejándose rápidamente, añadió: —Lo haré. Conseguiré ese teléfono.

A los pocos días vino a verme. Me dijo:

Dio resultado. Deseo contárselo para que vea cómo un pensamiento positivo engendra una sucesión de hechos sorprendentes. Fui a ver al hombre en cuestión, quien se quedó sorprendido al verme de nuevo. Le expliqué con todo detalle por qué era imperativo para mí tener el teléfono, le enseñé las cuentas telefónicas, como usted me sugirió, y a los cinco minutos lo tenía convencido. Estaba a punto de llamar al director para exponerle mi caso cuando llamó el propio director por otro asunto. Le expuse mis dificultades y el director convino en que se me debía dar prioridad. Dijo que viera a otra persona, quien era el que concedía las prioridades... o las denegaba. Jamás había oído hablar de este señor ni tenía la menor idea de cómo funcionaba el sistema de prioridades. Vi al hombre, le conté mi caso y hablé largamente sobre mi negocio, refiriéndome al producto que fabricábamos. Estuve a punto de desmayarme cuando me dijo que él venía padeciendo desde hacía tiempo de alergias y que no había producto que lograse curarlo. Desde entonces, todo marchó como sobre ruedas. Todo el asunto me dejó asombrado: el convencer al jefe, el que llamara el director por teléfono en el momento oportuno, el que aquel hombre-clave sufriera de alergia y que yo pudiera hacerle un favor. A partir de ahora, envíeme usted a los escépticos para que yo les hable.

Desde luego, todos sabemos que nuestros pensamientos determinan nuestra presencia física, nuestra expresión facial, nuestro modo de hablar y todo lo demás, ya que somos exteriormente el resultado de nuestros pensamientos habituales. Son muchas las mujeres que mejoran su aspecto sintiéndose permanentemente bellas, deleitándose en realzar su belleza, pensando cosas hermosas, vistiendo ropas elegantes y rodeándose de cosas lindas. Todos hemos visto en el cine cómo se transforma una mujer mal vestida en cuanto se la viste y arregla bien. Cualquier mujer puede hacer lo mismo y acelerará el proceso si mantiene una imagen mental de sí misma viéndose hermosa y juvenil.

La mayoría de las personas temen ponerse en manos del dentista. En realidad, no es nada terrible lo que les sucede, pero es el temor imaginario de los pacientes lo que agrava el proceso. Así, al pensar que el proceso será muy doloroso, lo convierten en realidad. La revista *American Weekly*, en su número del 7 de julio de 1940, hablaba de un dentista especializado en odontología infantil quien había instalado un salón de entretenimiento lleno de juguetes junto a su consultorio. Lo genial de esta idea era que mantenía a los niños interesados en el juego para alejar de sus mentes la idea de la fresadora y demás instrumentos. Una vez que se sentaban en el sillón, el dentista procuraba entablar conversación con el tema que más apasionara a cada niño. Además, sobre el brazo derecho del sillón tenían instalado un botón para que el paciente pudiera parar la fresadora a voluntad. El dentista advertía a sus pequeños pacientes: "No te va a doler nada, pero si crees que te duele, para la fresadora apretando este botón". Por supuesto, la clientela de este dentista era enorme.

Conozco un peluquero que tiene una formidable clientela infantil simplemente porque tuvo una idea ingeniosa. Él llenó su peluquería de libros de cuentos e historietas infantiles, todas ellas con abundancia de grabados que entregaba a sus pequeños clientes, incluso cuando se sentaban en la silla. Así los mantenía interesados en los cuentos y se olvidaban de que les estaban cortando el cabello. En los casos de niños muy pequeños poco acostumbrados a los cuentos, les ponía en sus manos juguetes llamativos y así obtenía los mismos resultados.

La imaginación o la capacidad de construir imágenes mentales produce con frecuencia resultados inesperados. Uno de los estados básicos de la imaginación negativa es el miedo, como pueden atestiguarlo los millones de hombres que han participado en la guerra. Cuando recibimos de pronto un correo de emergencia o una llamada telefónica de larga distancia, antes de enterarnos, temiendo enfrentarnos a una mala noticia, sentimos que el corazón se nos oprime. La noticia puede ser buena, pero nos sentimos desanimados por el temor, y solo al informarnos de que no es nada grave, desaparece la angustia.

Circula por ahí una historia cierta sobre dos hombres que consiguieron una sola habitación en un hotel. Durante la noche, uno de los hombres se quejó de que le faltaba el aire, y el otro convino con el primero en que la atmósfera era sofocante. Se levantó a oscuras y a tientas llegó hasta la ventana. Trató de abrirla, pero no pudo. Entonces rompió el vidrio con el zapato. Ambos durmieron a gusto el resto de la noche... Hasta que a la mañana siguiente descubrieron que no había roto el vidrio de la ventana, sino el que daba a una especie de anuncio.

Una historia similar fue relatada durante la guerra en el *This Week Maganize* por Margaretta West. Regresaba en un transporte de tropas del Pacífico Sur y se encontró hacinada con diecisiete mujeres más en una cabina demasiado pequeña para tanta gente. Les faltaba el aire, pero debido a las reglamentaciones de guerra, no tenían autorización para abrir las escotillas. Luego de ciertas negociaciones, como el buque no iba a salir hasta la mañana siguiente, obtuvieron autorización para abrir las escotillas, aunque sin prender la luz. La propia Margaretta West fue abriendo las escotillas una por una en medio de la oscuridad. Todas las mujeres se sintieron satisfechas y pudieron respirar a gusto. Durmieron tranquilamente, pues hasta entonces la atmósfera sofocante de la cabina les impedía conciliar el sueño. Al amanecer, descubrieron que la señorita West había abierto solo uno de los vidrios de cada escotilla, que eran dobles, uno por la parte interior y otro por la exterior. ¡Habían dormido en la misma atmósfera de antes, solo que la sugestión de que entraba el aire fresco les creó la sensación de respirar a pulmón lleno!

Durante los días del racionamiento de guerra, mucha gente comió margarina en las casas de sus amigos creyendo que era mantequilla. En los días de la Ley Seca, era frecuente poner una bebida cualquiera en botellas de whisky, diciendo que era legítimo, y hasta los bebedores expertos lo encontraban agradable. La historia de los que comen gato por liebre se repite con frecuencia.

La ciencia ha comprobado en mil formas diferentes los efectos de la imaginación. Se han pegado estampillas de correos en las espaldas de algunos enfermos, diciéndoles que eran pequeños emplastos... y se han generado llagas bajo las inofensivas estampillas. Son famosos los experimentos de Pavlov quien, durante cierto tiempo, hacía sonar una campanilla momentos antes de darles la comida a los perros. Luego, tocaba la campanilla y, sin estar la comida a la vista, los animales comenzaban a segregar jugos gástricos y saliva. A los seres humanos nos ocurre lo mismo. Toma asiento en algún restaurante y, si ves que a tu vecino le sirven un plato que le gusta, inmediatamente sentirás que se te hace agua la boca.

Pelar y cortar cebollas hace llorar. Sin embargo, el mero hecho de ver a alguien pelando cebollas hace llorar por sugestión a personas que están retiradas lo bastante para que no lleguen hasta ellas las emanaciones de la verdura. Hay quienes no pueden ni ver un determinado alimento porque aseguran que les sienta mal. Se trata meramente del recuerdo físico de una determinada ocasión en que les hizo daño, pero la sugestión hace que, si lo comen, les siente mal. No faltan quienes toman un poco de gaseosa después de cada comida "para hacer bien la digestión". Si no la toman, digieren mal. Las autoridades médicas dicen que es mera sugestión, pero, por eso mismo, es eficaz.

Yo mismo he cruzado el Atlántico y el Pacífico varias veces y jamás me he mareado, incluso en medio de las tormentas más fuertes, salvo una vez en que ayudé a otro pasajero que se hallaba terriblemente mal. No obstante, en ese viaje, aprendí a no mirar a las personas que se marean, porque de ellos se irradia tal fuerza de sugestión que convierte sus náuseas en contagiosas. Un shock súbito, unido a la fuerza de la imaginación, hace que nuestra piel se ponga fría como el mármol y que experimentemos oleadas sucesivas de frío y calor. Los shocks emocionales que producen a veces las palabras de nuestro médico originan traumas y consecuencias tremendas cuando influencian negativamente en nuestra imaginación.

Intenta silbar o tararear alguna canción mientras un amigo está comiéndose un limón y descubrirás que no puedes, porque se siente la boca como inmovilizada.

Cierta vez, al dar yo una conferencia, quise demostrar la fuerza de la imaginación y llevé dos botellitas, una llena de un líquido color rosa y la otra de color transparente. Dije a mi auditorio que la primera contenía esencia de rosa y la segunda de lila, explicando que mi experimento consistía en determinar la diferencia en la percepción olfativa de los presentes. Me volví de espaldas al auditorio, de manera que no pudiera nadie ver cuál de las dos botellas vaciaba, rociando el aire, y pedí que me dijeran cuál era el perfume que percibían. Unos dijeron que de lila y otros que de rosa. Desde luego, unos y otros se quedaron sorprendidos cuando les demostré que no había tal perfume, pues ambas botellitas contenían simplemente agua de color.

Mark Twain, en su breve ensayo sobre el tabaco, dice que, aunque los fumadores creen poder distinguir un buen cigarro de uno malo, no es cierto. Todos se guían por la marca y luego se imaginan el sabor. Twain, que tenía fama de fumar unos cigarros malos, cuenta que un día le pidió a un amigo rico dos docenas de cigarros de la mejor marca. Les quitó las anillas que respaldaban la calidad y los puso en una caja de cigarros comunes. Al término de una cena, en la que tuvo como invitados a sus amigos, les pasó la referida caja.

Todos aceptaron un cigarro por mera cortesía, dieron un par de chupadas y los tiraron, pensando que eran los cigarros baratos que Twain acostumbraba a fumar. No cabe duda de que hay una diferencia real entre una y otra marca de cigarros y cigarrillos, pero es la imaginación la que desempeña el papel más sobresaliente.

Si analizamos la medida en que los inventores, artistas, arquitectos y científicos emplean la imaginación, al igual que los grandes hombres y mujeres de negocios, obtendremos una idea aproximada de su magnitud. Shakespeare dice al respecto: "Asume que tienes una virtud si no la tienes". Analicemos esta verdad y sigamos algunas de sus implicaciones. Al asumir una virtud que no se tiene, se obtiene un efecto. Para convertirnos en la persona que desearíamos ser, creamos una imagen mental de nuestro nuevo tipo de ser idealizado y, si continuamos manteniendo esa actitud mental, llega el día en que somos y actuamos realmente como pretendíamos ser. Así ocurre con la realización de nuestros deseos.

Con todo, es necesario distinguir entre desear ilusoriamente y el empleo adecuado de nuestra imaginación. Tal vez pudiera haber algún genio benevolente que nos metiera en el bolsillo cien mil dólares de la noche a la mañana o que nos regalara una lujosa mansión, pero yo jamás he tenido el placer de encontrarme con ninguno. Desear ilusoriamente, o sea, querer fugazmente de cuando en cuando algo, no imprime en el subconsciente la fuerza necesaria para desencadenar los poderes escondidos que hay en el interior de cada uno de nosotros para que realmente nos sean procuradas la suma o la mansión antes mencionadas. Cuando empleamos decididamente nuestra imaginación y nos vemos haciendo una cosa, finalmente terminamos haciéndola. Y es precisamente el habernos imaginado haciendo la cosa lo que nos lleva a hacerla. Piensa un poco sobre las lentes de aumento. Si las enfocas diestramente, captarás la luz del sol y la concentrarás de manera que sus rayos aumenten en fuerza calorífica para que quemen en el sitio en donde cae su foco. Pero hay que mantener la lupa con firmeza un rato y, en el mismo sitio, antes de que se prenda fuego en el objeto sobre el cual diriges los rayos. Así ocurre con la persistencia en mantener alguna imagen mental.

El doctor Emile Coué, el modesto médico francés que tanta luz arrojó sobre el problema de la sugestión, sustentaba que la imaginación sostenida puede dar inicio a una fuerza muy superior a la voluntad. Él decía que, cuando ambas entraban en conflicto, siempre vencía la imaginación sostenida. A manera de ejemplo, supongamos que el lector es un fumador empedernido de cigarros y que anhela dejar el vicio. Él aprieta los dientes y las mandíbulas y solemnemente declara que está dispuesto a utilizar toda su fuerza de voluntad para dejar de fumar. Y deja de hacerlo. Sin embargo, de repente su imaginación le recuerda el placer del aroma de un buen cigarro, el placer que disfruta al fumarlo, etcétera, y su inquebrantable resolución de no fumar más sale disparada por la ventana. Algo semejante sucede con los esfuerzos para dejar de beber y para romper con otros hábitos.

El filósofo francés Fourier decía, hace más de un siglo, que el futuro del mundo saldría de la imaginación del hombre, y que sería conformado, controlado y dirigido por los deseos y las pasiones que motivan a los hombres. Su vaticinio se está volviendo cierto, aunque el hombre todavía está comenzando a idear las formas con las que habrá de controlar el mundo por medio de su mente.

Todo esto nos lleva al tema de los deseos y de lo que realmente se quiere en la vida. Hay relativamente pocas personas con grandes aspiraciones. La mayoría se conforman con llenar los modestos espacios en los que se encuentran cómodos. Ellos aceptan su lugar en la vida como algo que el destino ha fijado y rara vez efectúan los esfuerzos físicos y mentales necesarios para salir de la modesta posición en que se hallan. Jamás elevan sus aspiraciones ni advierten que es tan fácil cazar un pájaro que posa en el suelo a veinte metros de nosotros como cuando está en el aire a la misma distancia. Son muchos los que, de vez en cuando, desean lo que quieren, pero ello no basta, por cuanto con ello no dan inicio a la convicción que mueve la fuerza de voluntad.

Observa, por ejemplo, a una persona o a una familia que desean trasladarse de un pequeño pueblo a la ciudad, y advertirás el enorme poder que hay tras el empeño de cumplir su deseo. Ellos sortearán todos los obstáculos, superarán todas las dificultades y conseguirán su propósito, porque utilizan todos los poderes de su mente, llenando de ímpetu la mente subconsciente con la maravillosa visión de la meta que ambicionan.

Recordemos, pues, que siempre que fijemos nuestros pensamientos o que concentremos nuestra imaginación, comenzaremos a atraer los acontecimientos que deseamos. Esto no es simple palabrería. Es un hecho que cualquiera puede probar para su propia satisfacción. Si los resultados son consecuencia de alguna atracción o de una determinada forma de energía, es algo que no sabemos a ciencia cierta; pero, si bien el hombre no ha sido capaz de definir todavía ese hecho, a cada paso se observan innumerables manifestaciones del poder de persuasión del pensamiento. Es algo semejante al campo magnético de la electricidad, pues en realidad tampoco sabemos lo que es la electricidad, aun cuando materialmente sabemos cómo puede generarla el hombre con sus máquinas, pero vemos sus manifestaciones y su utilización cada vez que encendemos una lámpara o que prendemos la estufa eléctrica.

Para la mayoría de las personas, es muy difícil concentrarse sobre una sola idea durante un tiempo prolongado y apenas pueden conservar una misma imagen mental más allá de unos pocos segundos. Inténtelo usted mismo y descubrirá que, por su imaginación, desfilan con rapidez asombrosa pensamientos, ideas y fantasías diversas. Constantemente, vemos y oímos cosas muy heterogéneas y, como consecuencia, la parte coordinadora de la energía creativa de nuestro pensamiento se dispersa en esa masa confusa de ideas, en lugar de fijarse constantemente sobre una clara y dinámica imagen relativa a nuestros deseos específicos. Esto nos conduce a la conclusión de que cualquiera que pueda concentrar debidamente sus pensamientos los hará llegar hasta las capas más profundas de su mente subconsciente.

Yo he estado en los despachos privados de muchos altos dirigentes de la industria, del comercio y de las finanzas, y mucho antes de que lograra captar el sentido de la ciencia de la convicción, ya me sentía impresionado al ver los cuadros, las fotografías, las máximas, los bustos y demás símbolos que formaban los santuarios de estos grandes capitanes de empresas. En el despacho del director de una gran empresa cuelgan los retratos de los grandes líderes de la industria; en otro, aparecen los de los grandes financieros de la historia; en algunos, se ve el busto de Napoleón; en aquéllos, una estatua de Buda. Por lo general sobresalen máximas y citas tales como "Hacemos lo imposible en cualquier momento y lugar". "Si una cosa es posible, nosotros la hacemos". "Hágalo ahora", etcétera. Se informa que F.W. Woolworth, al que todos llamaban "el Napoleón de las finanzas", tenía su oficina construida y arreglada exactamente como Napoleón tenía su gabinete de trabajo. Evidentemente, los lectores habrán visto y oído hablar de todo esto, pero sin duda no se les ha ocurrido pensar cuál es el objetivo que se persigue con ello.

En realidad, solo cabe una respuesta y es que los retratos, las máximas, las estatuas, etcétera, sirven como un recordatorio permanente que indica al hombre que ocupa el despacho que él puede triunfar lo mismo que triunfaron otros que lo antecedieron. Este hombre coloca una insignia o una máxima para fijar sus ojos en ella cada vez que levanta la vista. Siente y ve los ojos de Napoleón fijos en él cuando toma asiento frente a su mesa de trabajo o siente la influencia espiritual de los grandes hombres y mujeres del pasado cuyos retratos penden en las paredes de su despacho. En otras palabras: los símbolos y lemas constituyen una mecánica peculiar para motivar su imaginación e inspirarse, insuflando nuevo vigor a sus energías subconscientes.

En muchos consultorios de médicos —incluso en los de algunos que se reirían desdeñosamente del extraordinario poder de la sugestión, cuelgan las fotografías de los grandes hombres de la medicina o de los famosos profesores de las facultades médicas. Considero que, si lo hacen, es porque realmente estos médicos advierten el subyugador poder derivado de los retratos de esos personajes.

Cuando advertimos que la mente subconsciente está sensibilizada hasta el punto de que trabaja con la máxima precisión para exteriorizar aquella sugestión que más fuertemente se le ha arraigado, comenzamos a comprender mejor la necesidad de concentrarnos y de persistir constantemente en un móvil que nos sugestione.

Al igual que otros muchos grandes hombres, Thomas A. Edison, evidentemente, conocía el valor de la sugestión y hacía frecuente uso de ella. El día 8 de febrero de 1947, cuando se abrieron los cajones de su escritorio (sellado luego de su muerte), como parte de las ceremonias celebratorias del centenario de su nacimiento, se encontró, entre otras cosas, esta frase grabada legiblemente en una tira de papel: "Cuando te encuentres en la boca de la ballena, no te olvides que Jonás salió de su vientre como si nada". Edison debió haber pensado mucho sobre esa frase, pues de lo contrario no la hubiera conservado tan cuidadosamente en su escritorio.

A veces he pensado en la relación que guardan el tema del deseo y el de la sugestión con la siembra de los vegetales y las plantas de las flores. Una vez que el suelo está preparado y se introducen en él las pequeñas simientes, pasa poco tiempo para que comiencen a echar raíces y a brotar las primeras hojas. Mientras los primeros brotes se abren paso hacia arriba entre el suelo, en busca de la luz, los obstáculos no significan nada para sus débiles ramas. Se van levantando los pedacitos de madera y las piedrecitas que las obstruyen, pero, si el obstáculo es muy serio, lo rodean y lo eluden. Las plantas tienen la decisión de salir del suelo y salen. Luego florecen y dan flores o frutos y logran hacerlo, salvo que alguna fuerza enorme las destruya. Aun cuando no conocemos a fondo los detalles de los secretos de la naturaleza, advertirnos que la semilla enterrada germina poco a poco y se afirma en el seno oscuro de la tierra hasta que emerge para convertirse en un organismo hermoso y útil. Cultiva el brote, procúrale sol y agua, y lo verás crecer hasta alcanzar su plenitud. Y recuerda: siempre producirá según su especie.

Así ocurre con nosotros y con las ideas sugestivas que introducimos en nuestra mente subconsciente. El resultado será espontáneo o complejo, según la semilla original y la atención que le hayamos prestado. En otras palabras, plantemos el tipo de semilla mental más adecuado —con pensamientos nítidamente definidos— y alimentémosla con las decididas reafirmaciones de nuestros pensamientos, siempre dirigidos hacia el mismo fin, y crecerá con tan poderosa fuerza que hallará la energía necesaria para superar todos los obstáculos. La semilla extenderá lo necesario sus raíces para hallar los alimentos que requiera y expandirá su follaje para obtener más energías del sol.

Los deseos fuertemente arraigados hicieron progresar al mundo. Sin ellos, seguiríamos viviendo en la época de las cavernas. Todo cuanto disfrutamos en nuestra moderna existencia civilizada es la resultante del deseo de progresar. En verdad, el deseo es la fuerza motivadora de mejorar la vida misma. Se ve por todas partes, en el reino animal, en la vida de toda clase de plantas y en todos los actos de los seres humanos. El hambre promueve el deseo de buscar los alimentos; la pobreza, el de enriquecerse; el frío, el deseo de buscar el calor; una vida difícil, el de una más fácil.

El deseo de transformación es, en resumen, el poder generador de todas las acciones humanas y sin el cual nadie puede proponerse ir muy lejos. Cuanto más apasionado, imperioso y persistente es el deseo, más rápidamente logra su realización. En gran medida, el carácter de este deseo establece la diferencia entre el destino del quien no conoce y el de la persona ilustrada; entre el del empleado y el del director; entre el éxito y el fracaso. Por eso, debes alimentar tu deseo o aspiración, manteniéndolos fijamente en el pensamiento con la magia de creer que se puede lograr lo que ves con los ojos de la imaginación. La mecánica de la aplicación de esto que les digo solo persigue el propósito de ayudaros a enfocar bien vuestro deseo y la imagen de él sobre la pantalla de nuestra mente subconsciente, manteniendo alejados todos los pensamientos que nos distraigan, todas las ideas negativas, y todos los pesimismos del subconsciente.

Vayamos ahora a la parte mecánica. Toma tres o cuatro tarjetas cualesquiera y siéntate a solas ante una mesa, sin que nadie te moleste, para poder reflexionar sobre qué es lo que más deseas en este mundo. Cuando obtengas la respuesta y estés convencido de que se trata de tu máximo deseo, escribe en la parte superior de la tarjeta la palabra que lo defina. Generalmente, basta con un par de palabras: un empleo, un empleo mejor, más dinero, una casa propia, ser un gran pintor, escritor, entre otras. Procede entonces a escribir en cada una de las tarjetas las palabras en cuestión. Sitúa una de ellas en tu cartera o bolso, otra en la mesita de noche en un lugar bien visible, otra en el espejo del cuarto de baño y la cuarta en tu escritorio. El propósito que se persigue con esto, como ya habrás advertido, es permitirnos mantener a todas horas a vuestra vista la imagen mental deseada. Antes de dormir y al despertaros es muy importante avivar en vuestra mente la imagen deseada, pues son los momentos más favorables de cada día. Hazlo con la máxima seguridad e intensidad posibles. No te limites meramente a esos dos importantes momentos, pues, cuanto mayor tiempo visualices y recuerdes durante el día el objetivo de tus deseos, con más prontitud lograrás su materialización.

Al principio no vas a tener ni idea de cómo se van a producir los resultados. No te ocupes de eso. Deja que tu mente subconsciente se haga cargo de las alternativas, pues ella te abrirá puertas y caminos que jamás sospechaste. Recibirás ayuda de los orígenes menos esperados. Sin saber cómo, surgirán las ideas más útiles para alcanzar tu deseo. De pronto, se te ocurrirá visitar a una persona a la que no has visto hace años o escribirle, o vas a hablar por teléfono con alguien que apenas conoces. Sea cual fuere la idea que se te ocurra, ponla en práctica y, cuando se te ocurran ideas específicas durante la noche mientras duermes, levántate y anótalas inmediatamente en un papel para que no se te olviden. Son muchas las personas a quienes se les ocurren las mejores ideas durante el sueño e inmediatamente las transcriben a un papel para recordarlas.

Por muchos años antes de que yo descubriera esta ciencia, trabajé con un importante director que, todas las mañanas, al llegar a su oficina, comenzaba a sacar de sus bolsillos numerosos papelitos con anotaciones. Poco después, comenzaba a desarrollar una tremenda actividad. Las notas en cuestión contenían comentarios sobre avisos de la empresa, planes de venta, nuevas compras, reorganizaciones, etcétera, y lo curioso del caso es que todas aquellas ideas contribuían a multiplicar el éxito de la firma que dirigía.

No olvides lo que hemos dicho acerca de los ejecutivos exitosos que tienen retratos y estatuas de grandes hombres en sus despachos, así como lemas y consignas, pues así comprenderás que el empleo de las tarjetas que les propongo equivale a utilizar las mismas fuerzas que ellos usan, solo que en una forma más específica.

Mientras escribo esto, recuerdo la época en que puse en práctica esta ciencia para evitar que se hundiera la empresa de la cual yo era vicepresidente. Todos los empleados estaban sentados en torno a mí y, cuando comencé a hablar, pedí que todos ellos se proveyesen de papel y lápiz. La mayor parte de ellos pensaron que yo quería que tomasen nota, pero se quedaron muy sorprendidos cuando les dije que escribieran lo que más deseaban en la vida. Les expliqué que, si lo hacían, yo les diría la manera de conseguirlo. Unos pocos jóvenes se echaron a reír, pero los de más edad, advirtiendo que yo hablaba en serio, hicieron lo que les pedía. A los jóvenes les dije simplemente: "Si quieren conservar sus empleos, hagan lo que les digo, porque, si esto que voy a exponer no sucede, nos quedaremos todos en la calle". Obedecieron. Les dije que no mostraran a nadie lo que habían escrito. Después de la reunión, uno de los jóvenes vino a pedirme disculpas por haberse reído.

—Está bien, Bob —le dije—, no tiene importancia.

—Es que al principio parecía una cosa tan tonta —me aclaró—. Imagínese que consigo un nuevo automóvil por el simple hecho de escribirlo. Sin embargo, después de que usted lo explicó, comencé a pensar que el asunto tiene mucho sentido.

Algunos años más tarde, el mismo joven llegó a mi casa y me dijo que quería mostrarme algo. Y, en efecto, allí, junto al sendero de la vía, estaba su nuevo y lujoso coche.

En los años siguientes, pregunté a los que estuvieron presentes en aquella reunión si habían logrado lo que pusieron por escrito en el papel. Sin excepción, todos lo consiguieron. Uno deseaba casarse con cierta mujer extranjera. Lo consiguió y ahora tiene dos hermosos hijos. Otro, que aspiró a una verdadera fortuna, la logró. El que deseaba un chalet para el verano en una playa de moda, lo obtuvo. Quien quería una casa propia lujosa, la obtuvo, y así sucesivamente. Todos ganaron cada día más dinero y algunos de ellos lograron en un mes más de lo que habían obtenido en toda su vida, asombrando a muchos conocidos y amigos con el importante cambio.

Debo insistir primordialmente en esto: no debe decirse a nadie, absolutamente a nadie, el contenido de lo que escribimos en nuestras tarjetas, ni dejar entrever cuál es nuestro más ardiente deseo. Si lo haces, las cosas no van a funcionar. Cuando profundices en esta ciencia, comprenderás el porqué. Por ahora, ten por seguro que las vibraciones, conscientes o inconscientes de la envidia o de cualquier otro sentimiento pueden entorpecer negativamente tus deseos.

Esto me recuerda lo que le sucedió a un médico amigo mío quien, durante los primeros días de la guerra, solicitó su ingreso en la armada. Él anunció a todo el mundo que cerraría su consultorio y que se iría a la marina de guerra. Con tal motivo, recibió numerosos regalos y le dieron una gran fiesta de despedida.

> —Lo cual —me dijo riendo— me enseñó una lección útil: la de no comunicar nunca a nadie mis planes o deseos. No recibí la respuesta a mi solicitud sino después de dos años y, durante esos veinticuatro meses de espera durante los cuales hube de reintegrarme a mi ocupación profesional, me resultaba muy embarazoso enfrentarme de nuevo con las personas que me habían hecho los regalos y la fiesta de despedida...

Mis lectores recordarán lo que dije anteriormente sobre fórmulas mágicas, cánticos, encantamientos, afirmaciones, etcétera, y ya expliqué por qué, al recitarlos, ponemos en marcha las fuerzas sugestivas que estimulan nuestro subconsciente. Esas frases y palabras repetitivas, dichas en voz baja o alta, son simples métodos para grabarlas en la mente subconsciente por autosugestión y, sea cual fuere su tono, es el único camino para lograrlo.

El subconsciente es extremadamente receptivo y se le puede convencer con las proposiciones que le presentemos, sean reales o imaginarias, positivas o negativas; y, una vez que están arraigadas en la mente subconsciente, esta comenzará a trabajar con todas sus facultades y energías para materializarlas y darles oportuna vida. Cuanto más sencillas sean las palabras utilizadas para expresar la idea que quiera poner en marcha en el subconsciente, tanto mejor. Por ejemplo, si te sientes desdichado, revierte tal sensación empleando las palabras: "Soy feliz". "Estoy contento". "La vida es magnífica, encantadora, deliciosa". Tan sencillas afirmaciones, repetidas reiteradamente, transformarán en optimismo tus pensamientos negativos. Pero, para que los efectos sean permanentes, hay que persistir, repitiendo tales afirmaciones hasta que se haya logrado el cambio radical en tus estados de ánimo.

Las personas que tienen una meta específica y una imagen clara de sus deseos o ideales, logran, mediante la repetición, que esas ideas se arraiguen profundamente en su mente subconsciente, con lo cual, debido al enorme poder que estas ideas guardan, consiguen su objetivo con un mínimo de tiempo y de esfuerzos físicos. Piensa sin cesar en el objetivo de tu vida y, paso a paso, irás logrando su realización, por cuanto todas nuestras fuerzas y facultades estarán encaminadas en esa misma dirección.

Supongamos que deseas un empleo mejor o un ascenso. No te limites a mirar las tarjetas: repite una y otra vez que vas a conseguir la posición deseada. Si has aceptado la convicción de esta idea, ya habrás podido visualizarla y, con la repetición, harás que se arraigue más profundamente esta sugestión en tu mente subconsciente. Podemos comparar este proceso con la operación de introducir un clavo en una tabla. El primer golpe inicia el lugar preciso donde irá el clavo, pero los fuertes golpes restantes lo hacen penetrar profundamente, dejándolo en su lugar definitivo. No olvides que la mente subconsciente acepta y realiza cualquier cosa que se le ordene efectuar. Recuerda la historia del campesino que, para aumentar sus fuerzas, levantaba todos los días un ternero hasta que llegó el momento en que lo que levantaba era un toro.

Piensa en todo esto en términos de objetos materiales. Dos objetos no pueden ocupar simultáneamente el mismo lugar. En tu mente ocurre igual, puesto que allí no caben de manera simultánea los pensamientos negativos o dubitativos y los positivos y creadores. Considera a tu mente como una habitación de una sola puerta cuya única llave la guardas tú. De ti depende quién puede y quién no puede entrar, si dejas que entren más pensamientos negativos que positivos o, al contrario, cuáles exactamente son los que estás dispuesto a adoptar. Tu mente subconsciente responderá a las vibraciones de los pensamientos que más fuertemente dominan en ti.

Imagina que tu mente es como un tanque lleno de agua clara y pura, y que no puedes meter en este tanque ningún objeto sin desplazar una parte de esa agua sin que se derrame de su capacidad contenedora. Cuando permites que tus pensamientos negativos o dubitativos penetren en tu conciencia, es obvio que desplazas los pensamientos positivos y creadores, y, por consiguiente, pierdes tu estado de ánimo positivo. Por tanto, mientras no permitas que las vibraciones desfavorables penetren en tu mente subconsciente, esta no se verá agitada por lo que oigas, veas o experimentes. En otras palabras: debes mantener constantemente tu mente subconsciente llena de firmes pensamientos positivos para que tus vigorosas vibraciones rechacen toda idea destructiva o negativa que le llegue del exterior.

Por espacio de muchos años, los filósofos han enseñado que, para ser felices, debemos estar ocupados, trabajando o haciendo algo que concentre nuestra atención. La explicación es muy sencilla: mientras trabajamos, tenemos nuestro espíritu concentrado en una tarea y nuestra mente está cerrada al acceso de las vibraciones indeseables. Por ese motivo, los médicos recomiendan a muchos hombres de negocios y profesionales que adopten una afición en su tiempo libre, a fin de mantener sus mentes alejadas de las preocupaciones de los pensamientos perturbadores. También aconsejan los viajes, la vida familiar, las buenas relaciones sociales, las vacaciones, entre otras para alejar a las personas de las preocupaciones de los ambientes propensos a acentuarlas y a desarrollar más inquietudes y pensamientos negativos.

Recuerdo un matrimonio de considerable edad que perdió a su único hijo en la invasión de Normandía. Durante meses y meses, después de recibir la noticia de su muerte, se entregaron a la tarea de mantener la habitación del hijo tal como él la había dejado al partir. Los domingos los pasaban limpiando cuidadosamente el cuarto del hijo muerto. No hay por qué extrañarse de que, con su pensamiento permanentemente concentrado en el recuerdo de su hijo ausente, se fueron convirtiendo en una pareja amargada. Sé lo que significa perder a una persona muy amada, pero también aprendí que es necesario cerrar la puerta de la mente a las amarguras del ayer y mantenérsela bien cerrada. Vivimos el hoy, no el ayer.

Ahora que el lector ya tiene una idea de cómo las circunstancias, el ambiente y los objetivos materiales llegan a nuestra vida por medio de los pensamientos, a él y solo a él le corresponde lograr que sus sueños más queridos se vayan transformando en realidades.

Supongamos que el lector desea una nueva casa. En cuanto haya construido la imagen mental de la casa que quiere, debe comenzar a cultivarla para afirmarla. Utilice las expresiones que desee o algunas similares a esta: "Tendré una nueva casa. Tendré una nueva casa. Tendré una nueva casa". Y un día brotará la manera de conseguirla.

Si el lector es un vendedor que desea aumentar sus ventas, utilice las tarjetas tal y como lo he indicado y dígase a sí mismo, lo más frecuentemente posible, que sus ventas irán en creciente aumento. Y hágalo con una muy decidida convicción.

Por extraño que pueda parecernos, si nos decidimos a pensar que aumentarán nuestras ventas y creemos que va a ser así, nuestras ventas aumentarán como si algún amigo invisible nos estuviera ayudando. La idea de la anticipación es vital para todo cuanto hagamos.

Un agente de seguros que aumentó sus ingresos en más de un 200% en solo un año de utilizar esta ciencia me contó su historia:

> *El jefe me dijo que visitara al señor Blank y que no volviera por la compañía sin traerle un seguro de dicho señor. La perspectiva era muy difícil, como todo el mundo sabía. El hombre tenía fama de ser intratable y un hueso muy duro de roer. Con todo, tenía muchas propiedades que reclamaban seguros contra incendios y otros más. Cuando bajé las escaleras de la compañía, comencé a repetirme: 'Fred, vas a*

> *venderle una póliza. Vas a venderle una póliza. Encontrarás que es un hombre cordial pese a lo que todo el mundo dice. Será muy cordial contigo y te comprará lo que le ofrezcas'. Quizá repetí unas doscientas veces aquellas palabras antes de visitar al hombre en cuestión. Y resultó que me recibió muy amistosamente y salí de su despacho con una póliza de veinticinco mil dólares en el bolsillo. Era la primera que el señor Blank obtenía de nuestra compañía.*

Este agente hace tiempo que dejó de serlo y hoy tiene una empresa de seguros propia y gana cada día más dinero. No hace mucho tiempo me dijo que financieramente "estaba arreglado" para toda la vida.

Dale Carnegie relata los grandes éxitos de Howard Thurston, el mago. Cuenta que Thurston, cada vez que iba a aparecer en escena, se repetía insistentemente que amaba a sus espectadores y que les iba a ofrecer lo mejor de su talento. Thurston ganó ¡dos millones de dólares!

Otro hombre que tiene setenta y ocho años, aunque aparenta menos de sesenta, y que estudió profundamente esta ciencia para ganar una extraordinaria fortuna, me contó que todavía sigue dándole órdenes a su mente subconsciente "para que trabaje por él".

> *Hablo con ella como hablaría con cualquier subordinado al que estuviera dando órdenes. Y jamás tengo dudas ni temores de que deje de hacer lo que le mando. Si me siento mal del estómago, le ordeno que arregle el asunto enseguida; y lo mismo hago con cualquier enfermedad que se me presente. Si quiero despertarme a las cinco de la mañana sin poner el despertador, le ordeno urgentemente a mi subconsciente que me despierte a esa hora en punto. Y así sucesivamente. Hasta ahora, jamás me ha fallado en nada. Hace años que sostengo la teoría de que la mente subconsciente puede controlar nuestra edad. Es decir, que durante siglos la mente subconsciente de la humanidad ha sido inducida a creer que la ancianidad del hombre se produce a los sesenta. Para la mayor parte de las personas, que aceptan esta idea, no puede ser de otro modo, puesto que su mente subconsciente así lo*

cree. Pero yo me niego a aceptarlo y, como usted sabe, me mantengo tan fuerte y activo como cuando tenía cincuenta años. Y espero seguir así durante mucho tiempo.

Esto es una prueba de que es aconsejable no implantar en la mente subconsciente la idea de que nos estamos haciendo viejos e incapaces simplemente porque pasan los años. Y demuestra asimismo que, manteniendo libre al subconsciente de la idea prefijada del envejecimiento, mejoramos nuestras probabilidades de prolongar la vida mucho más allá del límite comúnmente admitido. No es otro el gran secreto de las personas centenarias.

La repetición genera el ritmo fundamental de todo progreso y la cadencia del universo mismo. Está en el "chu-chu" de la locomotora que lleva un tren a grandes distancias y en las incesantes explosiones que generan la fuerza en el motor de un automóvil, de un avión, de un cohete y de una bomba voladora. Está en el golpeteo insistente de las paletas de la hélice contra el agua para que impulsen el barco y en el persistente golpear del agua contra las paletas de una turbina cuando generan la electricidad. Está en el tap-tap del martillo que va introduciendo el clavo y en el mortífero pam-pam de la ametralladora que barre a todos cuantos se le pongan por delante. En resumen: está en el esfuerzo continuado que va superando todos los obstáculos y en la repetición autosugestiva o entre un grupo de personas que nos lleva a creer a nosotros y a los demás. Del mismo modo, está en la insistencia sobre el subconsciente cuando hace que se arraiguen en él tus pensamientos positivos.

Antes de la Segunda Guerra Mundial, había en París un famoso instituto dedicado a la enseñanza de la sugestión por medio de discos fonográficos. Estos discos se tocaban una y otra vez para grabar la sugestión deseada en quienes los oían: que tenían buena salud, las fuerzas suficientes para vencer sus dificultades, entre otras.

Desde hace siglos, las madres han tenido la costumbre de hablar a sus pequeños mientras se duermen o mientras están dormidos, diciéndoles que se van a criar sanos y fuertes, que van a ser muy inteligentes, que van a ser buenos, que van a triunfar en la vida y así insistentemente, infiltrándoles de este modo pensamientos positivos. Evidentemente, el hecho de hallarse dormidos hace que tales sugestiones vayan directamente a su mente subconsciente.

En la destrucción de Cartago, la mayor potencia marítima del mundo antiguo, vemos un nuevo ejemplo del poder de la sugestión en marcha. Catón, el gran estadista romano, convencido de que Roma y Cartago no podían subsistir juntas y que una de ambas tenía que desaparecer, al finalizar cada discurso suyo en el Senado decía invariablemente: "Cartago debe ser destruida". Lo repitió tantas veces que los romanos comenzaron a repetir con él: "Cartago debe ser destruida". Y, en efecto, fue destruida.

Muchas personas caen en la confusión y se frustran porque se dejan influenciar fácilmente por los pensamientos negativos de los demás (una de las debilidades de muchos vendedores). La repetición de los pensamientos negativos desalienta incluso a los espíritus más fuertes y, a menos que cerremos nuestra mente a tales ideas destructoras y las contrarrestemos acudiendo a pensamientos positivos y constructivos, nos hundiremos más pronto o más tarde. Algunas personas se agotan tratando de combatir tan nefasta influencia recurriendo a un esfuerzo sobrehumano de su voluntad sin comprender que son sus propias mentes, operando según sugestiones negativas, las que están causando todo el problema.

Créase o no, todos somos víctimas de las sugestiones y, en muchos casos, casi hasta el punto de quedar como si nos hipnotizaran negativamente. Seguimos marchando por un mismo sendero solo porque así lo venimos haciendo durante décadas. Llevamos determinadas ropas y tenemos tales costumbres porque hemos sido inducidos a creer, por medio de interminables pensamientos sugestivos que nos llegan de todas partes, que no hay más remedio que proceder así. Casas, iglesias, oficinas, automóviles, bus, tranvías siguen un modelo rutinario, siempre el mismo y, cuando aparece alguien que rompe la rutina o la norma y concibe un modo distinto de hacer las cosas, se le considera un excéntrico o un loco. Esto, que yo denomino "hipnosis negativa colectiva", nos rodea en todas las esferas de nuestras actividades.

He podido observar que aquellos que utilizan conscientemente esta ciencia (así como quienes la emplean inconscientemente), son gentes con mucha energía, son virtuales dínamos humanos. Estas son personas que no solo utilizan su imaginación y se aferran firmemente a sus creencias y convicciones, sino que se convierten en hombres de acción. Esto nos lleva a comprobar y evidenciar el refrán: "La fe sin acción es cosa muerta".

Indudablemente, hay personas en este mundo que solo con la capacidad de concentración de sus pensamientos, sin moverse de sus oficinas ni establecer ningún contacto con los demás, pueden lograr cosas notables. En su mayoría, este mundo nuestro está dominado por los hombres de acción, que son grandes dínamos de energía que energizan a los demás. Nicola Tesla, quien probablemente comprendió las leyes de la vibración mejor que nadie en su época, declaró que podía, con una maquinita que le cabía en un bolsillo, derrumbar y hacer caer desintegrado el *Empire State Building* de Nueva York, uno de los más altos edificios del mundo. En realidad, el funcionamiento de una maquinita así hizo que los edificios se movieran, los vidrios se rompieran y los muebles danzaran en la parte baja de Nueva York cuando Tesla, en 1890, experimentó con ella. Esa maquinita salió de la cabeza de Tesla. Sus pensamientos la crearon. Tal es el ejemplo de un hombre que acopló "su acción con su convicción".

Hay metafísicos y maestros de ocultismo que sostienen que una persona puede sentarse en su oficina y mentalmente "hacer" llegar las órdenes de compra a su escritorio. Y que tales encargos se materialicen en verdad. Sin embargo, para conseguir esto, es preciso tener una imagen mental muy clara, una convicción muy firme y una buena práctica. Se han registrado en este orden de cosas acontecimientos aún más extraños. Pero las personas que no hayan llegado a dominar esta ciencia, que son la inmensa mayoría, deben sumar su acción y su energía a sus esfuerzos mentales para lograr las cosas, obedeciendo las órdenes que surjan de sus mentes subconscientes.

Hace varios años leí que Franklin D. Roosevelt constantemente hacía uso de su mente subconsciente, y estoy seguro de que tenía grandes conocimientos sobre el acertado empleo de la sugestión. Roosevelt jamás miraba hacia atrás sino hacia adelante. "Ayer" era para él un libro cerrado. El 17 de abril de 1945, Kirke L. Simpson, conocido periodista y gran amigo del presidente, contó sus impresiones sobre una reunión ocurrida poco después que Roosevelt quedó inmovilizado por la parálisis infantil. Simpson contaba que Roosevelt estaba decidido a caminar de nuevo y sin muletas. Sus íntimos, para una celebración, decidieron regalarle un bastón, pues su decisión de volver a andar la dieron todos por cierta. Durante aquella velada, Roosevelt estuvo sentado con un bastón sobre las rodillas, palmoteándolo de cuando en cuando. Dice Simpson: «Estoy seguro de que, en aquellos momentos, se decía para sus adentros: "Volverás a andar, Frank Roosevelt, volverás a caminar nuevamente"».

Roosevelt creía firmemente en el poder de la convicción como se advierte en el artículo publicado por la revista *Times* del 4 de marzo de 1946, referente a una carta escrita por él en 1924 a un médico que le pedía consejo sobre el tratamiento de la parálisis infantil. Roosevelt decía que el ejercicio moderado, el masaje y los baños de sol eran esenciales y agregaba: "Más importante que cualquier terapia es la convicción por parte del paciente de que logrará curarse".

Tenemos aquí un maravilloso ejemplo del poder mágico de la convicción y, como ya indiqué antes, de la parte que desempeña la "sugestión reiterada" para afirmar el convencimiento.

Capítulo 6

Libera tu subconsciente con la técnica del espejo

El problema más fuerte que la mayoría de las personas enfrenta es la falta de dinero. Aunque he escuchado que las personas han recibido fajos de dinero usando la magia de creer, yo considero que el dinero viene como consecuencia de la magia de creer en combinación con la acción enérgica.

Ciertamente, tu pensamiento puede atraer dinero y, cuando este aparece en el horizonte, tu pensamiento te guiará a formas y medios para alcanzarlo. De hecho, mientras trabajaba en el sector bancario, conocí a muchas personas con mucho poder adquisitivo y encontré que, cada uno de ellos, tenía una "consciencia del dinero". Ellos pensaban en términos de abundancia y su manera de tenerla era muy similar a mi propia experiencia que he relatado en este libro.

La técnica siempre es la misma sin importar cuales son tus deseos. Hazte la imagen de lo que deseas obtener y repítete a ti mismo frecuentemente que lo vas a conseguir. Pero no creas que lo puedes lograr con mantener un período de vigilante espera. Hay que poner manos a la obra sin perder de vista nuestro objetivo y empezar a ahorrar. Cada peso que ahorres de tu salario es un paso que das hacia la fortuna que deseas. Por lo tanto, debemos ahorrar todos los pesos que podamos. Cuanto más ahorremos, más rápidamente reuniremos la fortuna que deseamos. El fruto de nuestros ahorros debemos colocarlo para que nos rinda intereses, no jugando ni especulando sobre el mercado, sino en títulos o acciones de comprobado valor, en bienes raíces o en negocios propios. A medida que tus inversiones vayan aumentando, bajo el impulso de tu conciencia del dinero, te verás sorprendido al descubrir que, cuanto más tienes, más rápidamente se va multiplicando la cantidad acumulada. Además, te darás cuenta de que es algo estimulante y hasta apasionante. Se te presentarán buenas oportunidades de inversión en forma inesperada y sin que sepas cómo. Sin embargo, no creas por eso que conviene lanzarse sin pensarlo; por el contrario, antes de invertir tu dinero, debes consultar el sano consejo de los expertos y de los sensatos.

Recuerdo el caso de una mujer y su hija que, en veinticinco años, lograron acumular una fortuna de medio millón de dólares representada en finca raíz y edificios para el comercio. El esposo de dicha señora murió poco después de la Primera Guerra Mundial, dejándole como herencia una casa bastante grande, pero sin un centavo para comer. Su hija acababa de terminar sus estudios. Ninguna de ellas tenía experiencia en industria o como negociantes, pero sabían cómo mantener una casa y cocinar muy bien, lo cual decidieron poner a su favor. Una mañana, se les ocurrió recibir huéspedes y arreglar las habitaciones para ello. A partir de ese momento, las cosas marcharon muy bien. Al cabo de dos años, la mujer vendió la casa, ganando una buena suma, para comprarse otra casa mucho mayor, perteneciente a un club masculino. La señora estaba convencida de que lograría levantar el negocio. Y, en efecto, así fue.

Un hombre de negocios retirado, que vivía en la casa como huésped, le sugirió cierto día que abriera un salón de té, y le ofreció el dinero necesario para hacerlo. La mujer abrió un salón de té en el último piso de un edificio de oficinas, en el sector comercial de la ciudad. Con ella como camarera y su hija como cajera durante las horas de mayor afluencia, actuando de cocinera y dirigiendo a los diversos empleados durante el resto del día, la mujer pronto convirtió el salón en el lugar favorito para comer de casi todos los empleados de la vecindad. Después, compró un gran hotel en una playa de moda y vendió el salón.

En suma: por este procedimiento, la hábil mujer fue amasando una considerable fortuna que se multiplicaba rápidamente, porque de todas partes le llovían oportunidades para comprar hoteles, pensiones y salones de té. Hoy, esa mujer posee varios negocios en marcha y una fortuna de más de medio millón de dólares.

Por experiencia, me consta que toda persona que tenga una idea viable y eficaz rara vez choca con dificultades para conseguir el dinero con qué financiarla. Sin embargo, es preciso lograr previamente la propia convicción sobre la validez de la idea antes de intentar convencer a alguien para que le preste dinero. Si alguno de ustedes aspira a montar un negocio propio, debe pensar en lo que acabo de decir y utilizar la magia de creer. Así, encontrará a alguien con dinero dispuesto a ayudar.

Las grandes fortunas no se logran en un día, son el resultado de la acumulación del dinero que se suma al que uno ha ganado o ahorrado. El que quiera hacer fortuna debe poner en acción su mente y sus energías. Y lo conseguirá si utiliza la ciencia de la convicción.

He aquí otro caso de una persona que, empleando esta magia de creer, logró el éxito rápidamente, o sea, en menos de diez años. Cierto farmacéutico estaba arruinado. La instalación del local se la debía íntegra al propietario de la casa y casi todas sus existencias a un gran almacenista de productos medicinales. Un joven farmacéutico se enteró del asunto, pero carecía totalmente de dinero. Sin embargo, se entrevistó con el propietario y el director del gran almacén de productos medicinales y los convenció para que lo ayudaran. Se instaló en la farmacia y su esposa lo ayudó. El joven farmacéutico había inventado un producto, pero jamás pudo contar con el dinero necesario para producirlo. Un día, decidió hablar con el dueño del edificio, hombre de considerable fortuna. Tan convencido estaba de las buenas perspectivas de su plan, que no tardó en convencer al propietario, quien organizó una compañía y puso cinco mil dólares para comenzar la elaboración del producto. Durante meses, el preparado lo embotellaba en el sótano de la farmacia por las noches, después de cerrar el establecimiento. Comenzó a venderse cada vez más y el negocio fue en aumento. El producto empezó a venderse en todo el país y, al cabo de algunos años, el dueño de la casa no solo había recuperado su inversión, sino que retiró más de cincuenta mil dólares de beneficio. El joven farmacéutico gana más de cien mil dólares anuales. Él y su compañía son propietarios del edificio en donde comenzó a trabajar.

Otra historia valiosa, ocurrida en los años de crisis, me la contó el propio protagonista, un hombre muy religioso que, de pronto, se encontró en la miseria. Su esposa, en su afán de hallar la divina ayuda para su situación, se afilió a una secta religiosa cuya característica esencial es el pago del "diezmo" sobre los ingresos de sus miembros, es decir, diez centavos por cada dólar que cada uno gana.

Digamos de paso que son millares las personas que creen firmemente en el diezmo, entre ellas uno de los grandes industriales norteamericanos, el cual predica su religión entre los hombres de su empresa y atribuye sus éxitos a la práctica del diezmo. Conozco a otro hombre que gana mucho dinero en el negocio de venta de máquinas para panadería y quien también atribuye su buena fortuna al diezmo. Si el dar el 10% de las ganancias a la Iglesia o a las organizaciones de caridad tiene algo que ver con el éxito personal en la vida, es cosa que ignoro, pero lo que sí puedo decir es que estas personas creen firmemente en la eficacia de esta costumbre y, por lo tanto, sería insensato afirmar que no están en lo cierto.

Una noche, el hombre muy religioso al que me refiero, al salir de la iglesia con su esposa, tuvo una idea. Al llegar a su casa, comenzó a buscar una vieja fórmula que tenía su padre para preparar una loción o tónico que se podía utilizar en las peluquerías y salones de belleza. Cuando encontró la fórmula, comenzó a reunir botellas viejas en las tiendas de los alrededores. Se las llevó a casa, las lavó bien y las utilizó como envases de su producto. Entonces, comenzó a recorrer personalmente las peluquerías y salones de belleza. No pasó mucho tiempo sin que este hombre inaugurara un pequeño laboratorio para producir el artículo en gran escala. Estaba convencido de que su éxito obedecía a la práctica del diezmo. Su producto pronto se popularizó en todos los Estados Unidos, pero la venta ya no la hacía él personalmente, sino sus agentes. Ahora tiene una gran empresa que demuestra, una vez más, la verdad sobre el poder mágico de la convicción.

Todo cuanto vemos en el plano material ha sido antes una idea, un pensamiento en la mente de alguien. Quien vende un artículo, está vendiendo una idea; si es una máquina, vende lo que la máquina puede hacer; si son materiales de construcción, es cómo se pueden emplear esos materiales; si son alimentos, lo nutritivos y sabrosos que son; y así sucesivamente. Todos los negocios, todas las fortunas, son la consecuencia de unas ideas, el resultado de la actividad de la imaginación de alguien, seguida por la acción material.

Durante años he observado los progresos de la Jantzen Knitting Milis, fabricantes de las famosas mallas Jantzen para baño. He visto a esta empresa crecer de una idea inicial a la organización actual que abarca el mundo entero. Muchas veces he charlado sobre la magia de creer con el presidente de la empresa, J. A. Zehntbauer, y con su permiso reproduzco aquí parte de una carta que me escribió hace años:

> *Como bien dice usted, algunas personas parecen poseer un algo indefinible que los lleva al éxito y a la felicidad, mientras que otros, que al parecer trabajan arduamente, no lo consiguen, porque no tienen ese algo en su carácter que les procura la satisfacción y el éxito.*
>
> *Yo no he tratado de desarrollar ese espíritu indefinible, pero creo que ha sido fomentado y desarrollado en mí por mis padres, y particularmente por mi madre, la cual siempre cortaba en seco toda tendencia en nosotros a decir 'no puedo hacer esto o lo de más allá', diciéndonos categóricamente que jamás debíamos pronunciar la frase 'no puedo hacerlo', puesto que era evidente que podíamos hacer lo que cualquier otro ser humano hiciera, y que todo lo que se precisaba era insistir en la tarea hasta dominarla por completo. De igual*

manera, siempre nos corregía cuando nos quejábamos de cualquier cosa. Nos decía al respecto: 'No protestes. Piensa que es un privilegio vivir en este mundo maravilloso y, en lugar de quejarte, sonríe y goza de todas las bendiciones que tienes a tu alcance'.

Fuimos cuatro hermanos, tres mujeres y un varón. Todos hemos sido siempre excepcionalmente felices, y yo atribuyo esto a la educación de mis padres; mamá, con su constante entrenamiento para el éxito y la felicidad, y papá, reforzando la tarea de ella. Papá decía con frecuencia: 'No mires jamás el lado obscuro de las cosas, sino su parte brillante, hermosa y alegre'.

Si bien hemos sido lo bastante afortunados para disfrutar de las ventajas de tal influencia, veo claramente los resultados que proporciona una autodisciplina y una educación conducentes al punto de vista necesario para lograr el máximo de nuestra existencia. Prescindiendo de mis propias circunstancias, yo estoy seguro de que la aplicación de su ciencia es muy valiosa para cualquiera.

En nuestro mundo contemporáneo, la competencia es lógicamente muy grande, por lo cual las personas mejor preparadas para el desempeño de una tarea obtienen mejores posiciones en la vida que quienes están peor preparadas. Digo esto porque no quiero dar la idea a mis lectores de que una persona sin educación ni experiencia puede triunfar rápidamente en la vida por el sencillo procedimiento de utilizar esta ciencia. Puede haber casos excepcionales de hombres que lo consigan, pero sin duda serán pocos.

La clave es la siguiente: si un hombre o mujer se considera capacitado para ocupar una posición superior a la que ocupa y se ha preparado para ello, entonces el empleo de esta ciencia le ayudará a procurarse el logro de su objetivo.

Un conocido negociante me decía cierta vez:

> *Lo complicado para la mayoría de las personas que buscan empleos consiste en que están tan metidas en sí mismas que no hacen el menor esfuerzo para demostrar a su posible empleador el beneficio que pueden rendirle, olvidándose de que los demás solo se interesan en uno en la medida en que podamos serles útiles.*

Algunos de mis lectores tal vez consideren esta actitud cruel, pero en este mundo tan utilitarista y tan competido, el interés que representamos para el provecho ajeno es una realidad que deben enfrentar todos los que aspiren a emplearse.

Dice un viejo refrán: "los que no siguen sus propios pensamientos terminan por seguir los de otro que sí sigue los propios". Lo cual significa exactamente eso. Señala la diferencia que hay entre el líder y quienes lo siguen. Si no aprovechas tu propia capacidad creadora, estarás siempre obedeciendo las órdenes de los que sí saben aprovecharla. A menos que estés dispuesto a pensar por tu cuenta, tendrás que trabajar más físicamente, lo cual implica que recibirás menos por tu trabajo.

Por lo tanto, concibe el tipo de trabajo que desearías hacer y utiliza tus tarjetas y afirmaciones persistentemente hasta que tu convicción de alcanzar la meta deseada llegue a formar una parte vital de tu mente, de tu sangre, de tus huesos y de todos los tejidos de tu cuerpo. Imagínate a ti mismo haciendo las cosas deseadas y tus anhelos se materializarán, porque cualquier pensamiento sostenido y persistente llega a cristalizarse en algo de la especie de lo que se propone.

Por ejemplo, quienes hayan tomado vacaciones alguna vez, ¿se detuvieron a pensar en el proceso mental que implica muchas veces el tomarse un descanso? Primero, se nos ocurre la idea de hacer un viaje. Después, decidimos adónde ir y, poco después, comenzamos a vernos en las montañas, a orillas del mar o visitando una nueva ciudad, y el viaje se desarrolla luego tal y como lo hemos concebido. ¿Puede haber algo más claro? Para cualquier cosa que desees, aplica el mismo principio y obtendrás idénticos resultados exitosos.

Sin duda recordarás el procedimiento de las tarjetas expuesto anteriormente. Hay otro recurso al que yo denomino la "técnica del espejo". Antes de explicarlo, quiero contarles cómo descubrí algo tan prodigioso y la manera de utilizarlo adecuadamente para obtener resultados rápidos y seguros.

Hace muchos años, fui invitado a cenar por un hombre muy rico que había descubierto numerosos procedimientos relativos a la industria de la madera. El hombre había invitado también a diversos directores de diarios, periodistas, banqueros y grandes capitanes del sector. La cena tuvo lugar en el lujoso hotel donde se hospedaba. Circularon los licores abundantemente y, antes de que empezara la cena, nuestro anfitrión estaba ebrio. Le vi levantarse de la mesa y dirigirse hacia su habitación. Marchaba tambaleándose y se apoyaba en las paredes. Salí tras él con el propósito de ayudarle, porque sospechaba que se sentía muy mal. Con todo, me detuve en la puerta de su habitación al advertir que se entregaba a una extraña maniobra. El hombre, sosteniéndose a duras penas en pie, con las manos fuertemente aferradas a la cómoda de su habitación, se contemplaba fijamente en el espejo y murmuraba algo que al principio no logré entender. Poco a poco, sus palabras se fueron haciendo más claras y entendí lo que decía: "John, viejo idiota, están tratando de emborracharte, pero les vas a dar un chasco. Estás sobrio, estás sobrio, estás sobrio. Esta cena la ofreces tú y tienes que estar sobrio. Estás sobrio".

Mientras el hombre se repetía una y otra vez estas palabras, sin dejar de mirarse en el espejo, advertí que se estaba operando en él una transfiguración de lucidez. Su cuerpo se iba enderezando más y más, los músculos de su rostro estaban firmes y la apariencia de borracho que momentos antes era tan visible en sus ademanes y en su cara fue desapareciendo poco a poco. Aquello duró quizás algo más de cinco minutos. Yo, como periodista de larga actuación, he tenido oportunidad de ver a muchas personas ebrias; pero afirmo que jamás vi a nadie dominar una borrachera tan rápida y totalmente. Procuré que no se diera cuenta de que lo había estado observando y me dirigí hacia el baño. Cuando volví al comedor, me lo encontré presidiendo la mesa y, pese a que su rostro estaba todavía un tanto encendido, se conducía como un hombre absolutamente sobrio. Al término de la comida, nos expuso sus planes y nuevos hallazgos industriales con absoluta maestría y dominio de la situación. Tuvo que pasar mucho tiempo para que yo llegara a comprender plenamente el sentido de lo que había visto y pudiera interpretar el secreto de la ciencia que hace posible transformar a un hombre embriagado en un hombre sobrio.

Desde hace muchos años, vengo proponiendo aplicar la técnica del espejo a millares de personas, con resultados sorprendentes. Durante todos esos años, mucha gente acudió a mí en busca de una solución para sus problemas. Desfilaron por mi despacho un número sorprendente de mujeres, y la mayor parte de ellas comenzaban a contarme sus tribulaciones llorando. Lo primero que hacía yo era ponerlas frente al espejo, diciéndoles que se fijaran bien y me dijeran si lo que les reflejaba el cristal era la imagen de un niño o la de una mujer. Casi automáticamente dejaban de llorar. Todos los casos me convencieron de que no hay persona capaz de llorar frente a un espejo. No sé si por orgullo o vergüenza, pero lo cierto es que cesan sus lágrimas.

Muchos grandes oradores, predicadores y estadistas utilizan esta técnica del espejo. Por ejemplo: Winston Churchill, según Drew Pearson, jamás pronunciaba un discurso importante sin antes decirlo frente a un espejo. Pearson dice también que Woodrow Wilson empleaba la misma técnica de poner en máxima tensión las fuerzas de su subconsciente, de manera que, cuando el orador se presenta ante su auditorio, dichas fuerzas ejercen su influencia en quienes están escuchándolo. Al utilizar el espejo como auditorio de ensayo del discurso que se va a pronunciar, el orador crea una imagen fiel de sí mismo, con el acompañamiento de sus palabras, el sonido de su voz y demás recursos de oratoria, de manera que luego reproduce fielmente en público todo cuanto ha logrado crear como ensayo en la tranquilidad de su hogar. Al contemplarse ante un espejo, se intensifican las vibraciones mediante las cuales la fuerza y el significado de las palabras logran introducirse más profundamente en la mente subconsciente de su auditorio.

Esta técnica del espejo nos da una pista sobre el poder y el magnetismo personal del evangelista Billy Sunday, a quien conocí en la cúspide de su carrera, oyéndolo predicar a menudo. En aquellos días, como yo no sabía casi nada de esta ciencia de la mente, me quedaba maravillado al ver cómo él y otros evangelistas famosos eran capaces de influir sobre las personas en un grado tan extraordinario. Sin embargo, tenemos la prueba de que Billy Sunday conocía la técnica del espejo, pues Eric Sevareid, conocido comentarista de la Columbia Broadcasting System, cuenta en su libro *Not So Wild a Dream*, publicado en 1946, que, siendo un joven reportero, en una entrevista lograda con Billy Sunday, el gran evangelista le refirió que declamaba sus piezas oratorias ante el espejo.

Igualmente, uno de los vendedores de seguros más destacados de Estados Unidos se decidió a aceptar esta ciencia de la convicción. Él me dijo que jamás visitaba a ningún cliente importante sin antes hacer su exposición de venta frente a un espejo. Sus ventas son formidables.

Todo vendedor ha oído esta afirmación: "Si no te convences tú primero, no podrás convencer al comprador". Y es definitivamente cierto. Todos los grandes movimientos de masas de la historia se han producido, tanto en lo religioso como en lo militar, como consecuencia de la ferviente convicción de cada personaje en su propia causa, aquella que les da los poderes para convertir a otros miles y hacerlos pensar como ellos.

Una persona no necesita ser experta en psicología para saber que el entusiasmo es algo contagioso y que se puede transmitir fácilmente a los demás si uno lo posee en alto grado. La técnica del espejo es un método sencillo por el cual una persona puede fortalecer su convicción en su propia capacidad para vender e intensificar, por este método, el poder de su entusiasmo.

Cuando se considera la técnica del espejo a la luz de la ciencia expuesta en este libro, se advierte que es un método clave para utilizar las potentes fuerzas del propio subconsciente en la tarea de influir sobre el subconsciente de quienes nos rodean.

Sepámoslo o no, estamos siempre entregados a la tarea de vender algo; si no se trata de artículos tangibles, son nuestras personalidades, nuestros servicios o nuestras ideas. En realidad, todas las relaciones humanas descansan sobre la venta de algo, y todos nos esforzamos en efectuar una operación de venta cuanto tratamos de persuadir a los demás de que piensen como nosotros. Legalmente, un contrato o un acuerdo se basa en la coincidencia de las opiniones de dos o más partes; por eso, a menos que logremos convencer a la persona o personas con las que estamos tratando, no llegaremos muy lejos. Una vez las opiniones concuerdan sobre las discrepancias principales, el resto es fácil, y no encontramos dificultades de ninguna especie para completar el trato.

Durante la época de la depresión económica, cuando trabajé con muchos negocios y organizaciones de ventas para aumentar los ingresos de estas, introduje el empleo de la técnica del espejo con los mismos resultados sorprendentes. Una de dichas empresas, que se dedicaba a la fabricación y venta de pasteles en gran escala, tenía espejos ajustados en la parte interior de las puertas de todos sus camiones de reparto de manera que, cuando el conductor-vendedor las abría para sacar las mercaderías, lo primero que veía eran los espejos. Les recomendé que cada uno de ellos, antes de visitar a cada cliente, determinara cuántos pasteles iba a venderle y que luego, mirándose en el espejo, se contemplara, dejándole al comprador el número de unidades que habían preconcebido. Uno de los conductores-vendedores me dijo que, durante meses, había estado tratando de vender la mercancía a una señora propietaria de un restaurante, pero sin resultados. Cuando decidió intentar la técnica del espejo, le vendió diez pasteles el mismo día. En los días sucesivos comenzó a venderle a razón de quince cada día.

La técnica del espejo fue utilizada con gran eficacia en compañías de seguros, en organizaciones financieras, en fábricas de neumáticos, en agencias automovilísticas, en fábricas de alimentos de todas clases y, en resumen, en infinidad de empresas cuyos beneficios dependían de las ventas. En mi propia firma, los negocios dieron un vuelco rotundo que nos desvió de la bancarrota a la que nos acercábamos. Lo primero que hice fue colocar un espejo en la habitación donde los empleados dejaban sus chaquetas. Expuse por todas partes lemas que decían: "Saldremos adelante", "No hay nada imposible para una mente activa", "Demostremos que somos imbatibles", "¿Cuánto vas a vender hoy" y muchos otros por el estilo. Escribí también con jabón algunos lemas en los espejos y, cada mañana, aparecía uno nuevo, con el solo propósito de convencer a los empleados de que los negocios podían seguir marchando, a pesar de que otras firmas de idénticas características a la nuestra luchaban valerosamente para no cerrar sus puertas. Después, coloqué otros espejos, particularmente uno en la parte interior de la puerta de salida, de manera que los vendedores pudieran verse al dejar la oficina. Por supuesto, puse espejos sobre los escritorios de todos los ejecutivos y vendedores, y lo curioso de esto fue que, durante los peores tiempos de la crisis, todos nuestros empleados triplicaron o cuadruplicaron sus ingresos y desde entonces han seguido obteniendo progresos constantes. Muchos de ellos, cuyos ingresos mensuales jamás hubieran pasado de trescientos dólares, pronto llegaron a los mil dólares e incluso más. Esto podrá parecer increíble, pero es cierto. Mis archivos están llenos de cartas escritas por ejecutivos y vendedores de todas partes que certifican lo que estoy diciendo sobre la eficacia de la técnica del espejo.

Así las cosas, veamos la técnica en sí. Debemos colocarnos frente a un espejo que por lo menos ha de permitirnos vernos de la cintura para arriba. Debemos ponernos en una postura erguida, los pies separados entre sí según el ancho de las caderas, metiendo el estómago hacia adentro y sacando el pecho. La cabeza ha de estar muy levantada. Una vez que hayamos adoptado tal posición, respiremos tres o cuatro veces hasta experimentar una sensación de poder, de fuerza, de determinación y de energía. Después, debemos mirarnos profundamente a los ojos y decirnos que vamos a conseguir lo que queremos. Hay que decirlo en voz alta, para ver el movimiento de los labios y oír las palabras que pronunciamos.

Esta operación ha de convertirse en un ritual regular y debe ponerse en práctica por lo menos dos veces por día, por la mañana y por la noche. Te sorprenderás con los resultados. Puedes aumentar los efectos de este proceder escribiendo con jabón sobre el espejo los mantras, consignas o palabras clave que desees, en tanto sean la clave real de lo que te has imaginado obtener y que quieras ver convertido en realidad. Al cabo de pocos días, se habrá desarrollado en ti una confianza tan grande como nunca se te hubiera ocurrido imaginar.

Si debes efectuar alguna entrevista difícil o si te propones hablar con el jefe al que siempre le tuviste miedo, recurre a la técnica del espejo y practícala hasta que hayas logrado la convicción de que puedes presentarte ante quien sea sin la menor vacilación. Y, desde luego, si tienes que pronunciar algún discurso, no dejes de ensayarlo antes frente al espejo. Gesticula, utiliza lenguaje corporal que demuestre tu empoderamiento y emplea todos los gestos que te parezcan efectivos.

Mientras estás ante el espejo, no dejes de repetirte que vas a tener un éxito rotundo y que no hay nada en este mundo que pueda detenerte. ¿Te parece una tontería? Pues no olvides que cada idea presentada al subconsciente logrará una réplica materializada en el mundo exterior y, cuanto antes se refuerce esa idea en tu subconsciente, más pronto lograrás ver convertidos tus sueños en realidad. Ahora bien, sería un error revelar los mecanismos que empleas para lograr tus aspiraciones, porque siempre hay algún escéptico que se burla, te ridiculiza, o lo que sea, y entonces tu confianza podrá quebrantarse, en particular si has comenzado a aplicar la ciencia que te expongo.

Si eres un dirigente y deseas que tu organización progrese, enseña a tus empleados la técnica del espejo o insísteles para que la practiquen. Son muchas las empresas que lo hacen.

Se ha escrito abundantemente sobre el poder de la mirada. Se ha dicho que los ojos son el espejo del alma y que revelan nuestros pensamientos más íntimos. En verdad, la mirada expresa mucho más de lo que imaginamos, y permite que los demás nos vean por dentro. No obstante, descubrirás que, al practicar la técnica del espejo, tus ojos van adquiriendo un poder que jamás imaginaste poseer (es ese algo que los escritores califican de energía fascinadora o factor dinámico). Ese poder te dará una mirada penetrante que hará sentir a los demás que estás escudriñando su propia alma. Con el tiempo, tus ojos llegarán a adquirir tal intensidad, en correlación con la intensidad de tus pensamientos, que la gente comenzará a advertirlo. Recordemos que Emerson escribió que cada persona lleva en sus pupilas la exteriorización exacta de su propio nivel. No olvides que tu posición en la vida está señalada por lo que expresan tus ojos. Por lo tanto, desarrolla en tu mirada ese poder revelador de tu confianza íntima. La preparación ante el espejo te ayudará a lograrlo.

La técnica del espejo puede utilizarse de muchas maneras y siempre con increíbles resultados. Si tu apariencia física es pobre o si eres desatinado en el vestir y hasta en el caminar, la práctica de contemplarte ante un espejo de tamaño natural obrará maravillas. El espejo te hace ver lo que las demás personas ven cuando te miran. Por lo tanto, puedes presentarte exactamente bajo el aspecto que desees que los demás vean en ti.

Se dice que quien desempeña un papel termina por identificarse con él. De ahí que no haya cosa mejor que constituir el personaje que aspiras ser y que lo ensayes ante el espejo. La vanidad no tiene nada que ver con esta ciencia. Por consiguiente, no utilices la técnica del espejo para adoptar una personalidad desdeñosa ni arrogante, sino para construir la personalidad que debes ser. No cabe duda de que, si algunas de las personas más notables del mundo utilizan con éxito la técnica del espejo para consolidar su personalidad e influir sobre las demás gentes, también tú puedes hacer lo mismo.

Mucho se ha escrito sobre intuición, corazonadas, "pálpitos" y demás percepciones psíquicas. Algunos psicólogos sostienen que las ideas llegan hasta nosotros intuitivamente, que no son algo que procede del espacio, sino el resultado de nuestra percepción mental en correlación con los conocimientos que hemos acumulado, o como consecuencia de algo que hemos visto, oído o tenido conciencia en el pasado.

Tal vez sea cierto en la misma medida en que los químicos, los inventores y otros creadores que trabajan a través de la experimentación y empirismo utilizan sus conocimientos y se basan en la verificación de sus pruebas y tentativas anteriores, pero el autor de este libro cree que la mayor parte de los inventos, descubrimientos y hallazgos de todo tipo proceden de la mente subconsciente, en función de los conocimientos previos que han sido ideados o imaginados en la mente consciente. Cada costumbre que seguimos y todo cuanto hacemos o utilizamos fue antes una idea en la mente de alguien, y esas ideas llegaron primero bajo la forma de iluminaciones intuitivas, de presentimientos o como quieras llamarlos. Por lo tanto, es prudente seguir las propias intuiciones y confiar en ellas hasta su desenlace.

Muchos grandes dirigentes, industriales e inventores han declarado abiertamente que siguen sus "corazonadas", las cuales llegan a ellos en los momentos de descanso o en los períodos en los cuales están entregados a una tarea ajena a la solución de sus problemas. Un buen sistema para lograr que nuestra mente subconsciente resuelva el asunto es enfocarlo conscientemente desde todos los ángulos posibles; entonces, cualquier noche antes de dormirnos debemos ordenar a nuestro subconsciente que nos dé la respuesta. Es posible que nos despertemos a medianoche con la respuesta deseada o que esta nos llegue al levantarnos por la mañana, e incluso durante el día, cuando estemos haciendo algo totalmente distinto del asunto que nos preocupa. Debemos captar rápidamente la respuesta en cuanto llega y no perder tiempo en poner en práctica lo que se nos indique.

Podemos tener la corazonada de llamar a alguien por teléfono, a lo mejor el jefe de alguna empresa o que está en posición de ayudarnos. Sin embargo, debido a lo elevado de su posición, podemos temer comunicarnos con él y comenzarnos a luchar con nuestra "corazonada" para no marcar el número intuido. De un lado, está nuestra intuición y del otro nuestro temor, que nos induce a no llamar. Con demasiada frecuencia, vencen los temores inhibitorios. Por lo tanto, siempre que se te presente una lucha íntima similar debes plantearte estas preguntas: "¿Qué puedo perder si veo o si llamo por teléfono a ese hombre? ¿Qué daño puedo hacer?". Tus temores y dudas desaparecerán en cuanto contestes a esa pregunta. En definitiva: obedece sin demora tus intuiciones.

No obstante, debo decir unas cuantas palabras de advertencia. A muchas personas les gusta jugar. Unas a las cartas, otras a las carreras de caballos, a la ruleta o a la bolsa. Indudablemente, hay quienes dicen que siguen sus "pálpitos" y ganan; pero yo les aconsejo que no utilicen sus corazonadas en ninguna empresa que consista en ganar algo a cambio de nada. Hay algo fundamentalmente erróneo en tal actitud, debido a lo cual todos los jugadores suelen terminar en la miseria. Ten cuidado también con las corazonadas que te llevan hacia campos poco recomendables. Seguramente no son tal, sino simples deseos de enriquecimiento fácil que te impulsan a equivocarte.

Sé con certeza que ninguno de mis lectores creerá que este libro es un ábrete sésamo para conquistar la fama y la riqueza de la noche a la mañana. Es simplemente una llave que sirve para abrir la puerta que conduce a obtener la meta deseada. Ciertamente, no es aconsejable iniciar empresas o trabajos que se hallen por encima de nuestras propias capacidades. Si deseamos ser jefes de una gran empresa, lógicamente deberemos conocer a fondo el negocio y tener la capacidad y las condiciones ejecutivas requeridas. Al utilizar esta ciencia, puedes aprender a dar los pasos necesarios que te conduzcan a la cumbre. De cualquier modo, es conveniente tener un plan de acción antes de emprender la realización de cualquier proyecto. Nadie va a la farmacia y pide que le vendan remedios, sino que especifica el nombre del medicamento que quiere. Lo mismo ocurre con esta ciencia. Hay que tener un plan de acción. Es preciso saber de antemano qué es lo que se quiere y saber específicamente de qué se trata.

Si has determinado exactamente lo que deseas y te has fijado un objetivo, debes considerarte extremadamente afortunado, por cuanto habrás dado el primer paso que conduce al éxito. Mientras mantengas bien presente la imagen mental de tus aspiraciones y comiences a desarrollar la acción conveniente, nada podrá impedir que obtengas el éxito, pues la mente subconsciente nunca deja de obtener cualquier encargo que se le dé clara y enfáticamente.

Capítulo 7

Crea tus pensamientos, persiste y proyecta

El secreto del éxito consiste en persistir. Jamás debemos dejar de trabajar con constancia para lograrlo, pues, de lo contrario, el éxito alza las alas y vuela lejos de nosotros. En ningún momento es aconsejable descansar sobre los laureles ganados (ni hacer una pausa para alabarnos), porque hay otros que pueden tener fija la vista en el lugar que nosotros ambicionamos y que aguardan la oportunidad de tomarlo, especialmente si advierten que tenemos algún punto débil y que no hacemos nada para reforzarlo.

En nuestros laboratorios, los hombres de ciencia trabajan para plasmar ideas que nos parecen fantásticas y hasta imposibles. Entre otras, figuran las de generar luz y crear tejidos de la madera y productos que sean invulnerables al agua y al fuego simultáneamente, materiales que harán que los buques sean insumergibles, máquinas que captarán extraordinarias energías de la energía solar e incluso aparatos que revelarán lo que pensamos. Y esas son simplemente unas pocas cosas de las muchas que se perfilan en el horizonte. Todas ellas proceden de la imaginación de las personas, es decir, de sus mentes subconscientes. Quizás la telepatía o transmisión del pensamiento sea una realidad tan común como lo fue la radio en nuestros días.

Se ha dicho que el hombre puede hacer real todo cuanto pueda concebir mentalmente, y hay millones de cosas que utilizarnos diariamente que prueban tal afirmación. Cuando el hombre comprenda plenamente el enorme poder de su mente y lo utilice en forma adecuada trabajando con fe, no solo obtendrá el dominio absoluto de la Tierra y de todo lo que hay en ella, sino que podrá incluso lograr el control de los demás planetas cercanos. Tú mismo, lector, tienes esa chispa íntima, pero es preciso inflamarla hasta que se convierta en hoguera. Luego, debes alimentar esa flama permanentemente, suministrándole el combustible que la mantenga fuerte: ideas y más ideas, seguidas por acciones.

Conozco a un hombre que ha logrado cosas realmente valiosas y que tiene más de setenta años. Este hombre sostiene que la mayoría de las personas se quedan en el camino simplemente porque no emprenden nada.

Yo trazo un plan y lo sigo. Así lo he hecho durante años, ideando un nuevo plan —nuevo para mí— cada semana. Da lo mismo que se trate de cualquier mejora insignificante para la cocina de mi casa, una nueva organización de ventas o la lectura de un libro desconocido. He descubierto que, al seguir mis planes, no solo mantengo activos mi cuerpo y mi mente, sino que ejercito y desarrollo una serie de cualidades imaginativas que, de otro modo, seguirían adormecidas o atrofiadas. La idea de que el hombre debe jubilarse cuando tiene sesenta años me parece un error muy grande. En cuanto un hombre deja de estar activo física y mentalmente, comienza a seguir el camino que lo lleva derecho hacia la tumba. Todo el mundo sabe lo que les sucedía a los caballos de los bomberos cuando los retiraban del servicio. Nadie ignora lo que le pasa a un automóvil cuando lo dejamos inactivo largo tiempo en el garaje: empieza a oxidarse y pronto no sirve sino como hierro viejo. A los humanos les sucede lo mismo, se oxidan y apagan en cuanto se quedan inactivos.

El sistema de emprender algo nuevo cada semana nos lleva a ejercitar nuestra iniciativa, indicándonos cuán valiosa resulta esta para la persona que desea triunfar en la vida. Sin iniciativa, cualquier hombre se queda en el lugar de partida. La mayoría de las personas siguen toda su vida en puestos secundarios, porque jamás despliegan la menor iniciativa en sus trabajos y nunca sugieren la más mínima mejora. Durante la guerra, numerosas empresas norteamericanas colocaron buzones para sugerencias en sus locales y ofrecieron premios para aquellas ideas prácticas o aprovechables. Con frecuencia, las sugerencias depositadas en esos buzones por obreros y empleados proporcionaron grandes mejoras a las empresas, y por supuesto, los que tuvieron iniciativas viables no solo obtuvieron las recompensas ofrecidas, sino que ascendieron de categoría. En un buen número de casos, las sugestiones de los empleados y obreros permitieron patentar inventos que procuraron fama y dinero a sus autores.

El lector no debe olvidar que, aunque un trabajo determinado se venga haciendo de tal o cual modo durante muchos años, siempre es susceptible de mejora. La última guerra demostró esta verdad plenamente, así como las ventajas que aguardan a los hombres de iniciativa. Incluso si eres un modesto empleado que se gana la vida tras el mostrador de cualquier tienda, es indudable que puedes tener ideas sobre la forma de exhibir mejor las mercancías o la manera de atender mejor a los clientes. Las buenas ideas sobre la iluminación del local, el arreglo de vidrieras y mostradores, etcétera, son siempre bien recibidas y de manera inalterable traen su recompensa.

El interés y la atención están estrechamente relacionados con este asunto de la iniciativa. Cuanto más interés pongas en tu trabajo, mayores serán los resultados que obtendrás. Todos sabemos que hacemos mejor las cosas que nos interesan, de manera que, si el trabajo que desempeñas no te gusta, es conveniente que comiences enseguida a buscar otro que sea de tu agrado y te despierte tu interés. Cuanto más intenso sea ese interés, tanto mejor, pues solamente el interés te procurará el estímulo necesario para progresar en tu ocupación.

Conozco a una mujer que estaba empleada en una gran tienda como ayudante del jefe de una importante sección. Sin embargo, aunque esta mujer percibía el salario máximo fijado durante la guerra, la casa le entregaba lujosas bonificaciones a fin de año solamente por el interés y la iniciativa que desplegaba. La dirección del establecimiento solicitaba su opinión y consejo con mayor frecuencia que la del jefe de la sección.

El jefe de personal de una gran fábrica de material de guerra, en la cual trabajan millares de obreros y empleados, me dijo que el peor defecto de las personas era que no se podía confiar en su palabra. En la mayoría de los casos, cuando asumen una responsabilidad voluntariamente sin ningún otro compromiso más que su palabra dada, las personas del común proceden descuidadamente. Por lo tanto, siempre que te comprometas a hacer una cosa, debes cumplir tu palabra, aun cuando ello te cueste grandes esfuerzos. Así, obtendrás una amplia recompensa por tu seriedad en el cumplimiento de tus compromisos contraídos, porque crearás un buen prestigio y comenzarán a confiar ciegamente en ti, lo cual da inicio al ascenso de los escalones decisivos para alcanzar el éxito.

Muchos empleados tienen la idea de que se les da trabajo solo para producir en beneficio de los intereses de los patronos. Jamás se les ocurre pensar que también trabajan para sí mismos, y que sus empleadores únicamente les proporcionan el lugar y los instrumentos necesarios para realizar sus labores. Dice un viejo refrán que todo hombre que no haya aprendido a recibir órdenes es incapaz de darlas. Nada hay más cierto. Sin embargo, la mayoría de las personas que trabajan no se dan cuenta de que está al alcance de su mano el progresar hasta alcanzar algún día el puesto de director, que podrían obtener si aprendieran a recibir y cumplir las órdenes que reciben.

"La única manera de tener un amigo es comenzar por serlo uno mismo", dijo Emerson, pero pocas personas comprenden esta verdad esencial. Quien escupe al cielo, le cae la saliva en la cara. No esperemos favores ni buenas acciones de los demás si no hemos comenzado por hacérselas nosotros.

Raro es el hombre que no tiene algún enemigo. Tal o cual persona nos es antipática y, lógicamente, a ella le sucede lo mismo con nosotros. Afortunado el hombre que es capaz de convertir en amigos a sus enemigos. Y lo cierto es que resulta muy fácil lograrlo. Hay varios hombres que me tomaron una ardiente antipatía, tal vez por algo que dije en tal o cual oportunidad, que les hirió o les molestó. Sin embargo, la mayoría de ellos pasaron a ser buenos amigos míos solo porque comencé a pensar y creer que eran excelentes personas e individuos realmente cordiales.

No sé de dónde saqué la idea de convertir en amigos a mis enemigos. Tal vez vino del infinito, la leí en alguna parte o se lo oí decir a alguien. Pero lo indiscutible es que la convertí en parte de mi credo y siempre me dio óptimos resultados y grandes satisfacciones. A modo de ejemplo, contaré la historia de un alto ejecutivo que sentía mucha antipatía hacia mí porque en determinado momento hice una crítica de su compañía. Por espacio de muchos meses, el hombre se dedicó a herirme en mis puntos débiles siempre que podía. Naturalmente, mi primer impulso fue aceptar el reto y fastidiarlo yo en todas las oportunidades que se me ofrecieran. Pero llegó el momento en que pensé que su enemistad hacia mí provenía de algo que yo había dicho de él. Y comencé a pensar: "No es un mal tipo. Debo estar equivocado. Fui yo el que inicié la disputa y lo lamento. La próxima vez que me lo encuentre se lo diré… aunque ahora solo sea mentalmente". Cierta noche, me lo encontré en un club del que ambos éramos socios. El hombre iba a desviar la mirada, pero lo asalté de frente y le dije: "¿Cómo está usted, Charlie?". Me contestó en el acto y de un modo cordial. Captó "algo" en mi voz que implicaba que percibía cordialidad de parte mía. Hoy somos excelentes amigos.

Por consiguiente, no olvides: algunos de nuestros peores enemigos lo son por culpa nuestra. Tanto amigos como enemigos lo son solamente como reflejo de lo que ellos perciben de nuestros pensamientos y sentimientos. Los demás nos considerarán amigos o enemigos según la imagen mental que nosotros reflejemos hacia ellos.

Hoy mismo, mientras escribo esto, tuve que experimentar un ejemplo más sobre la eficacia de proyectar nuestros pensamientos como les comento. El desagüe de mi cuarto de baño estaba obstruido y tuve que llamar a un plomero. A pocas cuadras de mi casa hay una plomería, pero su propietario es un hombre antipático y hasta agresivo con sus clientes. En las diversas oportunidades que intenté hacerlo venir para que me arreglara algo, estaba siempre demasiado ocupado.

La última vez que lo llamé me dijo que tendría que esperar que me llegase el turno. Probablemente podría venir para arreglarme el desagüe dentro de un par de semanas. Le rogué que me diera la dirección de algún otro plomero y se mostró hosco y no me la dio. Naturalmente, su mal trato suscitó en mí una pésima impresión sobre los plomeros en general, a los que comencé a resentir en masa.

Pero yo tenía que conseguir que me repararan el drenaje y comprendí que mi actitud hacia los plomeros no me iba a ayudar en nada a solucionar mi problema. Cambié, pues, de pensamientos y comencé a decir algo así: "Los plomeros son unos buenos tipos. Ese al que has recurrido simplemente es un gruñón. Olvídate de él".

Uno de mis amigos es gerente de una gran casa que vende cañerías y artefactos sanitarios. Lo llamé para que me sugiriera el nombre de algún plomero. Él me dio un número de teléfono y llamé. El plomero me dijo que estaba muy atareado, pero que, si se trataba de algo urgente, iría enseguida a mi casa. A los quince minutos, entraba por la puerta y yo le expresé mi gratitud. En menos de dos horas, me reemplazó el conducto. Quedé sinceramente encantado por su servicio y se lo dije. Lo cual, lógicamente, le agradó.

Hoy, como decía, a las ocho de la mañana llamé y le dije al plomero quién era, recordándole que me había cambiado el desagüe algún tiempo atrás. Se acordó de mí inmediatamente y dijo que enviaría a un hombre lo antes posible, probablemente hacia el mediodía. Pero a los cinco minutos de haber colgado el teléfono, entraba un plomero por la puerta preguntando si era yo el que había requerido sus servicios.

Le pregunté que cómo había llegado tan rápidamente, siendo así que su jefe me anunció que no podría enviar a nadie hasta unas cuatro horas después, y él me respondió que, al instante de haber llamado yo a su jefe, entraba él en la plomería y, por tanto, recibió la orden de atender este trabajo antes de iniciar las tareas que tenía fijadas para después.

Quedé muy agradecido por este trato preferencial y así se lo manifesté al plomero, lo cual le agradó, como es de suponer. Con mi ayuda, la reparación del desagüe quedó concluida en menos de media hora. Al hablarle al hombre de su jefe, me contestó:

—Mi jefe es una excelente persona. Siempre está dispuesto a ayudar a los demás y, como consecuencia de ello, su negocio progresa sin cesar. Jamás había tenido un patrón mejor.

Si eres empleado, piensa y cree que tu patrón o tu superior son excelentes personas y así lo serán. Jamás olvides que el trato que recibimos de los demás es un reflejo de los pensamientos que proyectarnos hacia ellos.

No subestimes esta gran verdad. Aplícala y quedarás sorprendido ante los extraordinarios resultados subsiguientes. Proyecta tus pensamientos cordiales sobre el conductor del bus, el ascensorista o el empleado que se halla detrás de algún escritorio o mostrador, y verás cómo te responden amistosamente. Si empleas el sistema de pensar que las personas son cordiales y buenas, descubrirás con sorpresa que a tu paso conseguirás muchos amigos.

"No hagas a los otros lo que no quieras que ellos te hagan", dice la Biblia. Y más aún: muchas personas que triunfan en la vida proceden siempre bien con los demás, convencidas de que cuando hacen algo por alguien, también habrá alguien que lo hará por ellas. Esto podría dar la impresión de contener un enfoque calculador y egoísta, pero no impide que cumpla su efecto la ley fundamental de la reciprocidad, independientemente de las circunstancias que la motiven. Nada más natural que se produzca el efecto lógico de cada causa.

Tratar de agradar al jefe no tiene que hacerse con la intención de adularlo. Es una cuestión de sentido común procurar ganarlo como amigo, porque en toda organización las personas que progresan son aquellas que trabajan bien y que suscitan simpatía en sus jefes. El jefe es el hombre que decide los ascensos y, cuanto más complacido esté contigo y tu trabajo, más rápidos serán tus progresos. Por mucha autoestima que sientas, si quieres progresar en cualquier gran organización, no solo tienes que trabajar bien, sino que habrás de ganar la buena voluntad de tus superiores. Mira a tu alrededor y verás cómo este principio está vigente por todas partes. Se aplica en todas partes: en la política, en el comercio, en la industria e incluso en la vida animal.

Toma la iniciativa. Procura siempre hacer algo por los demás y te verás gratamente sorprendido al ver cómo marchan las cosas para ti. Al hacer algo por los demás, siempre recibirás dividendos, en una u otra forma.

Puedes hacer el intento con tu mascota. Mímala y sé cariñoso con ella y moverá la cola para expresar su agradecimiento, lamerá tus manos y cara si la dejas. Irrítala o maltrátala y gruñirá o tratará de morder. Las reacciones de las personas son similares, y sea cual fuere el motivo que te impulse a ser servicial, amable y bondadoso con los demás, ya sea por mero hábito de cordialidad o por tu conocimiento de las leyes de las causas y los efectos, los resultados serán los mismos. Los cumplidos sinceros siempre ganan amigos, pues la mayor parte de las personas son muy sensibles a los elogios. Los cumplidos complacen su autoestima e incrementan su amistad y estima hacia ti. Los grandes políticos asimilan rápidamente en los comienzos de su carrera el arte de hacer amigos asistiendo en todo lo posible a las gentes y elogiando a todos los que pueden. El vendedor callejero de la esquina puede ser el día de mañana el juez que te juzgue en un tribunal por haber violado las normas de tránsito; y entonces es cuando descubres la importancia del refrán que dice que es conveniente tener un amigo en el palacio. El mismo principio es aplicable en todos los órdenes de la vida, aun cuando, para su desdicha, mucha gente se olvida de ello.

Con lo cual paso a otro tema. Una persona que desee enriquecerse debe andar entre ricos. Solo, en una isla desierta, a cualquier hombre le sería difícil conquistarse una posición, por no hablar de lo complejo que le resultaría amasar una fortuna. Lo mismo ocurre en nuestra existencia cotidiana. Si lo que deseas es ganar dinero, debes relacionarte con gente que lo tenga o que sepa cómo ganarlo. Esto puede parecer desacertado, pero lo cierto es que, si buscas dinero, debes ir hacia donde está y hacia quienes lo gastan. Si eres un vendedor de publicidad y conoces al jefe de la empresa o quien que da la palabra definitiva, no debes perder el tiempo tratando de convencer a los empleados menores. Lo mismo ocurre cuando se trata de vender cualquier otro artículo o, lo que es más importante, cuando uno trata de vender su imagen.

Muchas personas con las cuales he trabajado durante mi vida cometen el error de desempeñar un trabajo que no les despierta el menor interés. Tales personas no hacen el menor esfuerzo por aprender nada ajeno al pequeño medio en que se desenvuelven. Cierta vez, hice una apuesta con el director de una gran empresa, cuyo nombre aparecía con frecuencia en los diarios. Le dije que yo podía encontrar por lo menos veinte empleados de su organización que jamás habían oído hablar de él y que ignoraban el cargo y la posición que él ocupaba. Se quedó sorprendido cuando le demostré que estaba en lo cierto. El ejecutivo en cuestión no sólo perdió la apuesta, sino que se sintió lastimado en su amor propio. La curiosidad me llevó a hacer una indagación semejante en otras grandes empresas con sucursales en todo el país, y descubrí que eran muy pocos los empleados que podían decirme el nombre del gerente general o que supieran la dirección de la oficina central.

Esto podrá parecerles increíble e incluso ridículo a muchos. Pero si tienen amigos que ocupen puestos sin importancia en alguna gran empresa, pregúntenles el nombre del tesorero o del vicepresidente. A menos que se trate de una excepción, la habitual ignorancia de los empleados les sorprenderá. Es increíble la cantidad de personas que aceptan sus modestos empleos y que no realizan el menor esfuerzo para enterarse de lo que producen o en qué se ocupan los departamentos vecinos, ni tampoco en qué consiste el funcionamiento general de la compañía. Tal vez los jefes de las grandes empresas se equivoquen al no desarrollar campañas educativas para beneficio de sus empleados. Desde luego, hay grandes firmas que tienen pequeñas publicaciones internas en las cuales figuran los nombres de los jefes, la dirección de las oficinas principales y otros detalles relativos al funcionamiento de la empresa. Una vez hablé con alguien que llevaba varios meses trabajando en una gran organización comercial. Sin embargo, aparte del jefe que le había contratado, esta persona no conocía ni los apellidos de los dirigentes de la empresa, pese a que en el periódico interno de la entidad se divulgaban diversos artículos encabezados con el nombre y cargo de ellos.

El empleo que tenemos hoy puede ser el escalón que nos conduzca a un empleo superior mañana. ¿Qué sabes de ese futuro cargo antes de comenzar a avanzar en dirección hacia él? ¿Qué sabes sobre la empresa en que trabajas y de su funcionamiento? Muchas empresas toman seguros colectivos a favor de sus empleados, quienes solo pagan una pequeña parte del importe de la póliza. ¿Cuántos empleados han leído tales pólizas? Pocos. Además, son menos todavía los que saben algo sobre sus derechos sociales.

"El ser humano es el heredero de toda la sabiduría de los tiempos concentrada entre las cubiertas de los grandes libros", decía un conocido escritor. Sin embargo, es sorprendente la cantidad de personas que ha pasado su vida sin que jamás se les haya ocurrido leer un libro, pese a que la guerra siempre ha hecho aumentar el número de personas que buscan la compañía, el entretenimiento y el refugio de los libros. Por extraño que parezca, son muy pocos los altos jefes y gerentes que leen algo más que los diarios y algunas publicaciones profesionales. Y, si se realiza una investigación entre los profesionales, se descubre que, en su mayoría, se limitan a los libros correspondientes a su especialidad. Sin embargo, conviene saber que un libro, sea el que fuere, tanto si es de historia, de ciencia, de ficción, de biografías o de lo que fuere, siempre contiene una o muchas ideas útiles y aplicables a nuestro trabajo.

Nadie tiene el monopolio del conocimiento y, con todo, sabemos que, cuando se pone en juego el conocimiento, se transforma en un gran potencial. Cuanto más se lee, más se estimula el pensamiento, y si el lector es un hombre de acción, sus energías se reavivan y multiplican.

Ahora es el momento de hablar sobre el interesantísimo fenómeno de la asociación de ideas y cómo una idea prontamente nos trae vinculada otra y así sucesivamente. Esto es algo muy valioso y en todo el mundo se debería cultivar su efecto multiplicador, especialmente las personas que se dedican a trabajos creativos y de imaginación, como los publicistas, los periodistas, los escritores y los vendedores, y en muchas otras actividades.

Por ejemplo, vemos un automóvil en una carretera. Consideremos por un momento la infinidad de ideas que pueden derivarse de ello. El vehículo que vemos o en el que pensamos está hecho de acero, de aleaciones metálicas diversas, de materiales plásticos y de otras cosas más. Cada uno de estos materiales puede sugerirnos una larga cadena de ideas afines. Consideremos las ruedas, las llantas y los neumáticos, el motor, los vidrios de las ventanillas, entre otras. Pensemos en las carreteras sobre las cuales ha rodado ese coche y nos sugerirá nuevas cosas sobre los viajes o la construcción de carreteras. Pensemos en el aceite y en el combustible de los vehículos, y al poco tiempo habremos iniciado un largo recorrido a través de una asociación de ideas sin fin que nos llevará a la perforación de los pozos de petróleo o al empleo de la energía atómica o de la energía solar como posible combustible en el futuro.

Veamos una sola idea en los negocios. Supongamos que estamos interesados en el cultivo de un nuevo tipo de nueces. Lo primero que pensamos es: ¿se podrán cultivar bien estos nogales y vender sus frutos obteniendo beneficios? Entonces, en forma natural y por simple asociación de ideas, comenzaremos a considerar todos los pormenores relacionados con el cultivo y la venta de las nueces. Pensaremos en las condiciones adecuadas del suelo, el clima y el agua, los problemas del trabajo, los costos, etcétera, lo cual nos llevará a examinar los precios y las calidades acreditados en el mercado, los sistemas de envío del producto, el empaque, los intermediarios que conviene utilizar y toda una extensa relación de detalles, hasta llegar al consumidor. El campo de nuestras ideas se transforma en una serie de inmensas proporciones, aunque el pensamiento inicial de la cadena de ideas haya sido una sencilla y modesta nuez.

Y ya que hemos hecho una referencia al empaquetado de los artículos, deseo decir algo al respecto. Todos los comerciantes de artículos alimenticios saben que, aun cuando no se logre una mejoría en los productos en sí, con una buena presentación, mediante envases artísticos y atractivos, se aumenta la venta y se obtienen mejores precios. Solo hay que entrar en un almacén o en un supermercado y observar cuáles son los artículos que más te llaman la atención. Hazlo y descubrirás la importancia de una buena presentación. Es la excelencia de la presentación lo que hace la diferencia entre el "chef" de la cocina de un gran hotel y el modesto cocinero de un restaurante de barrio. El "chef" sabe perfectamente la importancia que tiene una presentación agradable y atractiva, por lo cual adorna los platos delicadamente y los transforma en los manjares apetitosos que causan admiración. El cocinero modesto, aun brindando los mismos alimentos, no sabe provocar la vista y el paladar de sus clientes.

Durante algunos años me interesé en el cultivo del apio. Mi granjero, un italiano, se quejaba de que no podía competir con la notable calidad del apio que cultivaban los japoneses. La verdad es que los japoneses, intuitiva y culturalmente, apreciaban la importancia de una buena presentación. Su apio era lavado cuidadosamente, colocado en cestos limpios y envuelto artísticamente en papel, en cuya parte superior se leía un pequeño mensaje que resaltaba la calidad de aquella marca de apio. Mi granjero, un hombre negligente, jamás lavaba el apio, lo metía en unos cestos usados y lo enviaba así al mercado. Después, se quejaba de que los competidores japoneses arrasaban con el negocio.

Cualquiera que haya viajado por las grandes zonas agrícolas de los Estados Unidos y el Canadá puede decir, solo con observar una granja o un granero, cuál campesino prospera y cuál se limita a vegetar pobremente. Pienso en algunos de los grandes horticultores actuales que hace veinte o treinta años no lograban vender un vagón lleno de peras por veinte dólares. Sin embargo, quienes tuvieron la idea de empaquetarlas de un modo atractivo han ganado grandes fortunas. No es difícil conseguir que los clientes paguen dos dólares y hasta más por una docena de manzanas envueltas en una hermosa bolsita de tela, de límpido papel celofán o de resplandeciente papel de estaño. Algunos de esos refinados horticultores venden sus productos por correo a compradores de todo el mundo. Conozco personalmente a algunos de esos hábiles horticultores cuyo éxito, en todos y en cada uno de los casos, provino de una idea que se les ocurrió en un momento determinado como consecuencia de su fe en sí mismos.

Ahora consideremos este asunto de la presentación en relación con la apariencia personal. ¿Cuidas de tu buena presentación? ¿Llevas la ropa que le da el mejor aspecto posible? ¿Conoces el efecto de los colores y estudias aquellos que mejor armonizan con tu figura y hasta con el color de tu tez y tus cabellos? ¿Tu presencia basta para diferenciarte de la mayor parte de la gente que va por la calle?

De no ser así, presta mayor atención a tu presentación personal, porque el mundo te acepta tal y como te presentas. Toma ejemplo de los fabricantes de automóviles, los maquilladores de Hollywood o de cualquiera de los grandes directores de revistas musicales, quienes conocen muy bien el valor de la presentación y preparan sus productos con gran cuidado. Cuando obtengas la combinación de una presentación atrayente y tu interior refleje una gran calidad, entonces dispondrás de una fuerza imbatible. Haz que armonice tu yo interior con tu yo exterior y tendrás una combinación triunfadora.

Si deseas saber lo que una apariencia respetable puede hacer por ti, pasa por la antesala de alguna oficina donde haya personas esperando para ver al gerente o al director y verás lo que sucede. Tanto los empleados de la oficina como el gerente fijarán su atención en la persona que vaya mejor vestida y que irradie mayor autoridad por su compostura y por su seguridad al hablar.

No hay ejemplo mejor de la impresión que causa una buena presentación que la distinción que se hace en las comisarías de policía. El hombre bien vestido y seguro de sí mismo rara vez deja de ser tratado con toda atención y cortesía, mientras que quienes, por su apariencia, parecen poca cosa o nada, son encerrados inmediatamente en una celda. Esto lo he visto yo durante mis años de reportero policial. A aquellas personas de buena presentación que han sido arrestadas por una infracción leve, con frecuencia se les da una silla en la oficina del comisario o en la del oficial de turno, y se les da toda clase de facilidades para que telefoneen a sus abogados o a tal o cual amigo influyente para que se encargue de liberarlas. En cambio, el que tiene aspecto de un pobre hombre, va directo a la celda, de donde sale cuando y como bien pueda.

El jefe de una agencia de ventas de automóviles me contó que, con frecuencia, se requiere de su presencia para cerrar una venta con hombres muy adinerados, los cuales siempre compran los carros más lujosos.

> *No solo me doy una ducha antes de salir y me cambio de ropa de pies a cabeza, sino que voy a la barbería, me hago afeitar, cortar el cabello y pulir las uñas. Evidentemente, esto mejora mi apariencia, pero además trato de proyectar algo desde mi interior que me hace sentir como nuevo, animado, fuerte y lleno de capacidad para superar cualquier obstáculo.*

Si vas bien arreglado cuando emprendes cualquier asunto de importancia, experimentarás también esa sensación de poder que hará que la gente te ceda el paso. Si tomas la actitud mental justa, mantienes tus ojos mirando al frente, fijos hacia tu meta, y proyectas en torno a ti un aura adecuada (lo cual se logra por medio de una buena imaginación y la magia de creer), y vas dispuesto a irradiar tu magnetismo personal, lograrás verdaderos milagros. Así nos lo refiere Theos Bernard, en su *Penthouse of the Gods*, cuando, arrinconado y apedreado por los nativos del Tíbet, logró dominar la situación. En dicho libro, cuenta que su primera reacción fue escapar, pero inmediatamente rechazó tal idea al recordar que se le había enseñado a crear y mantener un aura en torno suyo. Por consiguiente, se irguió, echó la cabeza hacia atrás, miró al frente sin temor y avanzó hacia la muchedumbre con paso firme y rápido. No solo le abrieron paso, sino que algunos le ayudaron a abrirse un camino entre la gente.

Yo he sido íntimo amigo del jefe de bomberos de una gran ciudad norteamericana, un hombre de unos cincuenta años que parecía no temerle a nada. Sus colaboradores decían que estaba protegido por algún encantamiento benefactor. Cierta vez, le pregunté si era cierto. Se echó a reír y me dijo:

> *No sé qué será, no sé como puede llamarlo. No puedo explicar de un modo razonable lo que me ocurre. Tal vez soy de cierta forma un fatalista, pero lo cierto es que siempre*

he tenido la convicción de que no sufriré accidente alguno como jefe de bomberos. Cuando acudo a un gran incendio en donde se corren peligros tangibles, inmediatamente trazo un círculo imaginario en torno a mi persona para que nada pueda afectarme. Esto lo aprendí de los indios siendo un niño. Quizás sea la peor de las supersticiones, pero esa aura protectora me ha salvado la vida incontables veces.

El hombre de que hablo murió a los setenta y pico de años de muerte natural.

Otra historia famosa es la de Babe Ruth, el gran jugador de béisbol con una precisión magistral en sus tiros. Si quería hacer un *home run* dirigiendo la pelota hacia el lado izquierdo o el derecho, lo lograba infaliblemente. Cómo conseguía tal cosa es algo que probablemente solo lo sabe él. Babe Ruth, aun frente a los mejores *pitchers*, lograba batear la pelota y dirigirla hacia donde quería, y su récord de *home runs* pasará largo tiempo antes de que sea igualado o superado.

Ernie Pyle, famoso corresponsal de guerra, experimentó la premonición de la muerte. Él, antes de partir hacia los campos de batalla del Pacífico, tuvo la intuición de que jamás regresaría a su patria. Y así fue. Por el contrario, son innumerables los casos relatados por excombatientes que, poseídos por su "convicción de salvarse", participaron en las peores batallas y salieron ilesos de ellas gracias a su profunda convicción de salvarse.

No es difícil descubrir que son muchas las personas que, cuando se hallan en peligro, están convencidas de la eficacia de su aura protectora. Probablemente esto no es sino otra manifestación del poder mágico de la convicción. Hay millones de automovilistas en los Estados Unidos que llevan un pequeño disco en sus automóviles y están convencidos de que es el que evita que sufran accidentes. Entonces, ¿por qué detenernos en los discos de los automóviles?

Las vibraciones producidas por las emociones de otros nos afectan mucho más de lo que creemos. De hecho, algunas de las características de las personas con las que más estrechamente estamos relacionados se nos transfieren. Es cosa sabida que las parejas, al cabo de muchos años de convivencia, concluyen por parecerse incluso físicamente, y no digamos nada en cuanto a caracteres y costumbres. Un niño adquirirá las características emocionales de sus cuidadores, así como sus gustos, simpatías, antipatías y temores. A menudo, dichas cualidades emocionales subsisten durante toda la vida. Las personas que gustan de los animales domésticos, en especial de los perros, sostienen que estos adquieren algunas de las cualidades emocionales de sus amos, mostrándose cordiales, antipáticos o peleadores de acuerdo con la manera de ser de las personas con las que viven.

Siempre es conveniente recordar que una persona negativa puede causar la ruina de un hogar y hasta la de una organización. De la misma forma, una persona negativa causa estragos, otra positiva suscita beneficios; pero, cuando se enfrentan una y otra, generalmente tiene más fuerza la personalidad más fuerte, aun cuando sea negativa.

Una persona muy exaltada que ocupe un cargo importante transmite su exaltación a todos sus colaboradores. Es algo que se advierte fácilmente en todas las oficinas y tiendas en donde el jefe es una persona enérgica. A veces, esta manera de ser se transmite a toda la organización, pues, como se ha dicho, una organización no es sino la prolongación de la sombra de quien la dirige. Así, para que una empresa marche bien, todos sus empleados deben proceder en concordancia con la manera de ser de quien dirige. Por lo tanto, en una gran organización, la existencia de una personalidad fuertemente negativa cuya manera de pensar y de carácter se oponga a los de la dirección puede transmitir a los demás sus vibraciones negativas y causar graves daños.

Una persona que irrumpe a llorar contagia a las otras que la rodean y el bostezo de una sola persona puede desencadenar una sucesión de bostezos.

Si quieres pertenecer a la índole positiva, evita relacionarte con personas que tengan una fuerte personalidad pesimista. Muchos sacerdotes y consejeros personales terminan cayendo víctimas de su relación con las personas que acuden a contarles sus problemas. La conmoción de esa incesante corriente de aflicciones y calamidades que vierten sobre sus mentes termina por reducirles su actitud positiva y volverlos negativos.

Para comprender debidamente los efectos de estas vibraciones, recuerda los diversos sentimientos que se experimentan al entrar en tal o cual casa u oficina. La atmósfera que crean las personas que habitualmente visitan esa casa u oficina puede calificarse de inmediato como deprimente, tranquila, inquietante o armoniosa. Igualmente se puede decir en el acto si la atmósfera es cálida o fría, si el arreglo de la casa, los muebles, los colores, las paredes, todo, en fin, vibra e indica la manera de pensar de las personas que ocupan el lugar y proclaman la índole a la que pertenecen. Tanto si es una mansión o una casa humilde, el ambiente de cada hogar siempre dará la clave para conocer la personalidad de quienes lo habitan.

¿Tienes miedo de asumir responsabilidades o temor de adoptar decisiones o de ir solo? A muchas personas les ocurre y, por ese motivo, hay pocos líderes y muchos seguidores. Si tienes un problema, cuanto más tiempo rehúyas su solución, más se irá agrandando y mayores aún serán tus temores en cuanto a tus capacidades para resolverlo. Por consiguiente, es preciso aprender a tomar decisiones, porque el que no se decide, deja de actuar y, al dejar de actuar, va directo al fracaso. La experiencia enseñará que una vez que se toma una decisión, los problemas comienzan a esfumarse. Incluso si la decisión no es la mejor, el solo hecho de decidir afrontarla dará fuerzas y elevará la moral. Es el temor a equivocarse lo que atrae el error. Decídete a actuar y tus problemas se disolverán de inmediato, aunque tu decisión no haya sido la más conveniente. Todos los grandes hombres son personas de rápidas decisiones que se basan en su intuición, conocimientos y experiencias. Hay que aprender a ser ágiles en tomar decisiones y audaces en nuestros actos.

Ya saben que yo no me dedico a curar milagrosamente ni nada por el estilo, pero cualquiera que sepa algo sobre el poder de la mente puede constatar los efectos del pensamiento en relación con el estado de salud del cuerpo. Pocas personas desconocen los sorprendentes efectos causados por la sugestión en cuanto a provocar o a curar las enfermedades. En algunas corrientes religiosas se realizan sorprendentes curaciones a través de la autosugestión. El paciente repite incesantemente que no está enfermo y termina por curarse. Y son millares las personas que pueden certificar la validez de dicho método. Los que cultivan otros métodos también obtienen idénticos resultados. Uno de ellos consiste no en negar la existencia de la enfermedad, sino en afrontarla diciéndose que están sanos, fuertes y felices y que se sienten mejor cada día. Los miembros de las diversas escuelas de curación por la convicción son los mejores jueces en cuanto a dictaminar cuáles son los métodos que resultan más eficaces, pero debe tenerse en cuenta que, en todos los casos, es la convicción de cada individuo la que más contribuye al éxito en su curación. No obstante, es forzoso admitir que el procedimiento que desconoce la existencia de la enfermedad cuenta con un enorme número de seguidores y que el número de afiliados aumenta constante y vertiginosamente.

¿Hasta dónde puede emplearse la sugestión para curar las enfermedades? Este es un tema de estudio entre las diversas escuelas de curación por el pensamiento, al igual que entre los miembros de la profesión médica. Con todo, es claro que, solamente en los Estados Unidos, hay millares de casos manifiestos de este tipo de curación, y la cifra aumenta cada día. Las personas que se han decidido aplicarla tienen la firme convicción de que la cura de sus males se produjo como resultado de los ejercicios de autosugestión positiva.

Desde tiempos remotos, se sabe a ciencia cierta que las diversas emociones suscitadas por el temor, el odio o las preocupaciones pueden originar enfermedades físicas, aunque todavía quedan unos cuantos miembros de la profesión médica que se niegan a reconocer este evidente hecho. Sin embargo, la revista *Life*, en su número del 19 de febrero de 1945, en un artículo titulado "Medicina psicosomática", decía que, durante la guerra, el 40% de todos los casos de incapacidad para el servicio militar tuvo un origen psicosomático. "Psicosomático" se refiere a una combinación de enfermedades de la mente y del cuerpo producidas por las emociones, y el tratamiento que se prescribe es también una combinación de psicoterapia y tratamiento clínico. El referido artículo señalaba que numerosos casos de fiebre, asma bronquial, trastornos cardíacos, elevada presión sanguínea, dolencias reumáticas, artritis, diabetes, resfríos y enfermedades de la piel, así como innumerables reacciones alérgicas, tenían su origen en trastornos emocionales o bien en otros casos en los que los factores emocionales contribuyeron en gran medida a empeorar el mal. El tratamiento consiste en localizar la causa de los trastornos emocionales y confrontarla o suprimirla.

Como consecuencia de los estudios y experimentos realizados por los psiquiatras y los psicoanalistas durante la Segunda Guerra Mundial, el procedimiento de la cura mental se halla sometido a una total revisión de su validez, y es probable que se compruebe que este método terapéutico es asombrosamente efectivo.

Sin embargo, quienes conocen a fondo la ciencia psicoterapéutica admiten que la curación no responde tanto al tratamiento del médico o del sanador que procura curar como al convencimiento del propio paciente. En otras palabras: la sugestión inducida bajo la forma que sea por el sanador (bien sea de acuerdo con los principios de la psicoterapia o en relación con determinadas creencias religiosas), siempre es transmitida por autosugestión al subconsciente del enfermo y, a partir de la conformidad de este, comienza a obrar con eficacia.

Yo no desconozco que la siguiente afirmación pueda ser objeto de críticas, pero es muy evidente el hecho de que, si un paciente se niega a creer en el valor de la sugestión a la que le induce su médico o su sanador, también estará impidiendo el efecto sanador inherente a la sugestión. Los dos, el sanador y el enfermo, tienen que pensar unificadamente para obtener los resultados esperados, y sostengo la teoría de que cualquier persona que conozca debidamente el poder de la sugestión puede obtener grandes consecuencias sin necesidad de que la ayude nadie, con tal de que sea lo suficientemente fuerte y constante en sus convicciones y en sus sugestiones. Esta técnica, lo mismo que la de las tarjetas y la del espejo, con la autosugestión apropiada, se puede utilizar para curarse.

En los últimos años, se ha registrado un creciente interés por la telepatía o transmisión del pensamiento, y se han realizado muchos experimentos e investigaciones en diversas universidades. Se destacan, principalmente, los realizados bajo la dirección del doctor J. B. Rhine, de la Universidad de Duke. Además, Joseph Dunninger, notable especialista en la transmisión y lectura del pensamiento, ha hecho mucho para popularizar el conocimiento de estos fenómenos.

Los archivos de las Sociedades de Investigaciones Físicas de Estados Unidos y Gran Bretaña están llenos de informes sobre la telepatía, la clarividencia y otros fenómenos similares. Ante estos informes, y a pesar de los reportes científicos que han sido dados a la publicidad, muchas personas de forma ignorante hacen burla y simplemente niegan su existencia.

Siempre me ha desconcertado la incoherencia mental que hay en muchísimas personas que creen ciegamente en los textos que incesantemente se narran en la Biblia sobre historias de clarividencia, visiones y telepatía y, sin embargo, respecto a los estudios modernos sobre la telepatía y otros fenómenos similares, ingenuamente declaran que son patrañas.

Pese al escepticismo general, algunos de los grandes pensadores y científicos del mundo han declarado que la telepatía no solo es posible, sino que es una facultad que pueden utilizar todas las personas que la practiquen adecuadamente. Además de los hallazgos y experimentos realizados por las sociedades científicas británica y norteamericana y de los resultados dados a la publicidad por el doctor Rhine, existen muchos libros, modernos y no tan modernos, sobre este tema. Entre los más conocidos figuran *Mental Radio*, de Upton Sinclair; *Beyond the Senses*, del doctor Charles Francis Potter, conocido predicador de Nueva York; *Thoughts Through Space*, de Harold Sherman y Sir Hubert Wilkins; *Telepathy*, de Eileen Garrett, publicista de renombre, y *Experimental Telepathy*, por René Warcollier, director del Instituto Metafísico Internacional de París.

Cuando se dieron a la publicidad los resultados de los experimentos llevados a cabo por el doctor Rhine en la Universidad de Duke, hubo quienes se apresuraron a declarar que tales resultados podían atribuirse a casualidades. De hecho, muchos invirtieron considerable tiempo y dinero para demostrar que la telepatía no existe. Sin embargo, los experimentos al respecto prosiguieron tanto en la Universidad de Duke como en otros centros docentes superiores. Me he preguntado muchas veces por qué algunos investigadores no tratan de probar la existencia de un fenómeno en lugar de esforzarse en demostrar que es verdad aquello que ellos no logran percibir. Pero nuevamente sustento aquí la teoría de que la convicción obra milagros, lo cual queda sustanciado en parte por lo que el doctor Rhine califica en su libro de percepción extrasensorial. Él declara que siempre se obtuvieron inmejorables resultados cuando los experimentadores lograban captar "el espíritu de esta facultad", y que la capacidad de transmitir y recibir los pensamientos se debilita para quien lo efectúa cuando el experimento deja de parecerle una novedad. Es decir, en las primeras fases del experimento, mientras haya entusiasmo y convencimiento, subsiste el interés y la convicción de que es posible lograrlo. Pero, cuando los estudiantes continúan compareciendo desinteresadamente a los sucesivos experimentos, su entusiasmo decae y los resultados también dejan de interesarles.

El 25 de agosto de 1946, un artículo aparecido en *American Weekly* fue publicado bajo el título de "Evidencia científica de que el hombre tiene un alma", escrito por el doctor J. B. Rhine. En vista de que este artículo está relacionado con el tema central de este libro, lo reproduzco a continuación.

> *¿Qué tiene que decir la ciencia sobre el alma? Para contestar a esta pregunta, tendremos, naturalmente, que dirigirnos a la psicología, la cual es, de un modo literal, 'la ciencia del alma'. Con todo, ahí nos aguarda una sorpresa, porque descubrimos que la teoría sobre el alma humana ha sido dejada a un lado en los libros y en los estudios de aquella ciencia.*
>
> *Incluso muchos psicólogos se reirían indulgentemente si habláramos de la mente en sí misma como de algo separado del cerebro. Para ellos, todo tiene que ser físico para que sea real y, de acuerdo con dicho criterio, cualquier cosa no física o espiritual como se supone que es el alma sencillamente no es admisible. Tal concepción, dicen ellos, ha de rechazarse como una simple superstición.*
>
> *Quienes así piensan, confían en que los principios de la física sirven para explicar todo lo que llamamos 'mental', y*

así continúan anulando el interés del público por este tema como hasta ahora lo han venido haciendo.

Sin embargo, de vez en cuando ocurren algunas cosas que no encajan con este enfoque meramente material del hombre. Por ejemplo, de pronto una persona tiene un sueño horrible en el que ve agonizar a un pariente o a un amigo. Y resulta que el estremecedor sueño le sucede en la realidad y en el mismo momento en el que la persona soñaba que estaba ocurriendo, aun cuando el pariente o el amigo muerto se hallaba a miles de kilómetros de distancia.

Lo más extraño de esto es, en algunos casos, que el suceso que se ha visto no tiene ocurrencia sino horas o días después de haber sido soñado y, sin embargo, la visión del hecho es exacta e incluso rica en detalles.

La primera idea es, por supuesto, que tales experiencias son solo casualidades. Pocas personas intentan pasar de esta primera y simple explicación; pero, por suerte, algunos van más allá. Y cuando se estudia un buen número de tales experiencias, pierden toda apariencia de casualidades. El procedimiento científico consiste en poner manos a la obra a fin de descubrir lo que hay detrás de tales situaciones.

Evidentemente, si alguna de esas experiencias 'psíquicas' demostrara que la mente tiene el poder de actuar por encima del tiempo y del espacio, resultaría claro que también podría trascender las leyes físicas. Quedaría entonces demostrado que la mente es una facultad espiritual y no física. Sería una pista hacia el descubrimiento del alma. Solo una pista y nada más, pero proporcionaría el camino necesario para llegar a otras pruebas seguras.

De tales experimentos psíquicos se derivaron los tests ESP. Esta sigla es la abreviatura de "extra-sensory perception" (percepción extrasensorial), lo cual incluye la telepatía y la clarividencia. En otras palabras: la telepatía y la clarividencia son dos modalidades diferentes de percibir conocimientos sin el empleo de los órganos sensoriales como los ojos, los oídos, etcétera. Una prueba de telepatía consiste en que una persona 'percibe mentalmente' qué carta, número u otro símbolo cualquiera tiene en el pensamiento otra persona, la cual, digámoslo de paso, se halla en otra habitación distinta. En la clarividencia, es el objeto en sí y no la idea del objeto pensado lo que la persona clarividente debe percibir. En síntesis: en la telepatía, es la ESP de la ideación mental de la persona lo que ella percibe y en la clarividencia, es la ESP de la imagen del objeto material.

En 1930, un pequeño grupo de psicólogos comenzamos en la Universidad de Duke una serie de experimentos ESP de ambos tipos, de telepatía y de clarividencia. Esta labor estaba patrocinada por el psicólogo británico William McDougall, miembro de la Real Sociedad de Ciencias y director del Departamento de Psicología de Duke. Esta tarea se llevó a cabo en el Laboratorio de Parapsicología ('para' se refiere a lo alternativo, lo excepcional, lo heterodoxo), y no fue en modo alguno el primer experimento de su género, puesto que anteriormente ya se habían realizado otros en diversas partes, incluso en algunas universidades, durante los últimos cincuenta años. Pero, en ninguno de ellos, se persistió durante varios años como experimentos sistemáticos para la investigación de dichos fenómenos, como ha sucedido en Duke. Esta Universidad fue la primera en ofrecer una sede permanente a las búsquedas activas sobre los fenómenos psíquicos.

Los investigadores del laboratorio de Parapsicología hallaron nuevas pruebas confirmatorias de ambos tipos de ESP, por telepatía y por clarividencia. Desarrollaron y sistematizaron nuevas pruebas, facilitando la repetición de los experimentos. Esto suscitó la iniciación de un movimiento de experimentaciones sobre lo extrasensorial que se extendió a muchas otras instituciones nacionales y del exterior. Se tomaron cuidadosas precauciones para asegurar que no fuera posible la introducción de elementos sensoriales en los experimentos, así como contra cualquier otro tipo de error que pudiera afectar los resultados. Las pruebas fueron de tal naturaleza, que sus resultados pueden evaluarse bajo las normas estandarizadas y los métodos estadísticos aceptados por todo el mundo. Se puede demostrar fácilmente que los resultados obtenidos no pueden atribuirse en modo alguno a errores, casualidades o fallas experimentales de cualquier tipo.

Una vez que los experimentadores estuvieron satisfechos acerca de las garantías de que los fenómenos solo podían ser realmente extrasensoriales, comenzaron a trabajar en la vital experiencia de determinar qué relación pudieran tener con el mundo físico haciéndose estos planteamientos: ¿La telepatía y la clarividencia se rigen estrictamente por leyes físicas?, ¿o van más allá y trascienden los límites de la física como parecen demostrarlo las experiencias psíquicas espontáneas?

Por suerte, fue cosa muy fácil poner a prueba el ESP con relación al espacio. Por ejemplo: solo necesitábamos efectuar experimentos interponiendo una gran distancia entre las cartas y la persona que trataba de percibirlas por ESP para luego comparar los resultados obtenidos con las mismas pruebas de corta distancia. Tanto por telepatía como por clarividencia se demostró que las pruebas sobre grandes distancias daban idénticos resultados que las realizadas a cortas distancias. Las distancias, medidas en metros, kilómetros o cientos de kilómetros, no producían la menor alteración en los resultados de los experimentos. A la vez, todas las barreras físicas, naturales o artificiales interpuestas tampoco afectaban para nada las pruebas en referencia.

Pero, ¿y el tiempo? Pensamos que si el espacio no influía sobre la ESP era de esperar que el tiempo tampoco influyera en ella. Los test extrasensoriales sobre el futuro o premonitorios ("proféticos" es el término más familiar), demostraron que las personas capaces de identificar por ESP las cartas a cualquier distancia podían también predecir el orden en que saldrían las cartas después de haber sido barajado el mazo. Descubrimos que acertaban igual en los mazos barajados mecánicamente que en los barajados a mano. No solo eso, sino que lograron anticipar el orden de aparición de las cartas, diez, ocho, seis o dos días antes. Por lo tanto, el transcurso del tiempo no introducía diferencia alguna en cuanto al resultado de los experimentos.

Ante tales ensayos, solo había una explicación posible: que la mente del ser humano en su dimensión de existencia tiene la capacidad de trascender las limitaciones del tiempo y el espacio del mundo físico como lo prueban las sintonizaciones que estamos denominando 'percepciones extrasensoriales'. Y cuando estos experimentos fueron confirmados por otros investigadores en diversos laboratorios, quedó firmemente establecida la conclusión de que la mente posee propiedades que no pertenecen a los fenómenos de la física, al menos tal y como la concebimos actualmente. Y como el espacio y el tiempo son los indicios más seguros sobre lo que es físico, la mente debe por consiguiente ser de naturaleza extra física o espiritual. Y todo cuanto decimos al expresar la palabra 'alma' respecto al ser humano es que la mente es de carácter no-físico, o sea, espiritual. Por lo tanto, los experimentos de ESP han proporcionado las pruebas sobre la existencia del alma humana.

Para algunas personas, esto constituirá un sencillo principio sobre la certidumbre del alma. Y ciertamente no debemos exagerar la importancia de estos hallazgos. A decir verdad, no hemos hecho más que obtener una evidencia sobre un tipo elemental de teoría del alma. Hay, desde luego, mucho más en el concepto religioso del alma en relación con lo poco que nosotros hemos descubierto. Quedan en pie las mayores inquietudes.

¿Es susceptible el alma de separarse del cuerpo?

¿Puede sobrevivir a la muerte del cuerpo? Si es así, ¿pueden las almas desencarnadas tener contacto con los vivos o influir sobre ellos de algún modo? ¿Qué hay sobre la idea de un alma universal, o sea, Dios? ¿Qué de la comunicación entre las almas, y especialmente de las almas de los hombres

con Dios? Estas y muchas otras cuestiones fundamentales de las doctrinas religiosas no han sido abordadas por ninguno de los puntos enfocados en el presente artículo.

No obstante, tenemos derecho a concluir que el concepto físico de la mente del hombre, prevaleciente en los círculos intelectuales desde el auge del materialismo, se ha comprobado que está errado sin duda alguna.

Hay algo en los humanos que es definitivamente extra físico, pero cuánto es ello es cosa que aún ignoramos.

Hay un tipo de realidad en la existencia humana que no está sujeta a las leyes del tiempo y el espacio.

Sin embargo, es importante reconocer también las inmensas posibilidades que podemos vislumbrar. La teoría del alma humana nos da mucha materia para construir y avanzar algo sobre los conceptos religiosos. Hemos verificado los fundamentos esenciales sobre los cuales se erigió en principio la filosofía espiritual del hombre. Queda abierto a la investigación científica el proseguir para hallar y descubrir todo cuanto podamos acerca de la realidad de la persona humana, su naturaleza y su destino. En resumen, emprender la tarea de resolver las grandes inquietudes que nos plantea la religión.

En otra época, la investigación experimental de los interrogantes religiosos hubiera chocado con la enérgica oposición de las iglesias y sus dogmas. Todavía quedan muchos ortodoxos ultraconservadores que se sentirán heridos por la intrusión de la ciencia en los dominios de lo que ellos consideran debe ser motivo de pura fe. Pero un buen número de personas religiosas desean que se investigue a fondo este asunto para descubrir nuevos datos tangibles sobre la mente y el alma humana, así como sobre todas sus inmensas potencialidades.

Aunque resulte sorprendente, la principal oposición la hemos encontrado en los representantes de la ciencia *ortodoxa. Los hombres de ciencia ultraconservadores tienen temor a cualquier subdivisión de la naturaleza. Es tal su temor ante cualquier dualismo como el del alma y el cuerpo, que se niegan a mirar y examinar cualquier prueba que se les presente para confirmar la existencia de tal dualidad. Esta actitud carece de fundamento, porque, si como muchos de nosotros sostenemos hoy, las personas tienen un cuerpo y un alma netamente diferenciables, ambos siguen formando en cierto modo un todo único.*

Ambos, cuerpo y alma, se hallan sometidos a su recíproca interacción, y por consiguiente, es coherente que tengan algo en común. Dos cosas complementarias no pueden afectarse entre sí cuando difieren en cada una de sus particularidades. Vemos, por lo tanto, que debe haber un mundo de realidades ocultas que probablemente no es ni físico ni mental en la forma en que concebimos ambos conceptos, de cuyo mundo emanan en principio las manifestaciones de la mente y del cuerpo, o sea, de lo psíquico y de lo físico. Este reino, que está por encima de la mente y de la materia, está ahí, pero es desconocido y aguarda a que algún explorador del futuro lo descubra. Este aventurero habrá de ser alguien que, al igual que un gran navegante, tenga la audacia necesaria para poner en duda la ortodoxia de la validez de los cánones y paradigmas existentes acerca del conocimiento y de las creencias, y que se decida a investigarlos con detalle.

Yo he asistido a sesiones en las cuales el médium se ha negado a actuar diciendo que alguna persona del auditorio no creía en el espiritismo o que iba dispuesta a burlarse, y que sus vibraciones creaban una atmósfera hostil. Los escépticos, los materialistas, quizás se rían de ello, pero he asistido a diversas reuniones y conferencias en las cuales, entre un público muy numeroso, un solo escéptico pudo, con su persistente hostilidad, arruinar la reunión y confundir al orador.

Creo que cualquiera que entienda la teoría vibratoria del poder mental puede entender también por qué las vibraciones antagónicas o negativas pueden ser como una llave inglesa arrojada entre los engranajes de una maquinaria. La prueba de esto está en los experimentos del doctor Rhine quien, en sus tesis de psicoquinesia, descubrió que, cuando se actúa en presencia de un observador que trata de distraer al que realiza la experiencia y aminorar su éxito, los resultados siempre son inferiores a los normales. Por el contrario, cuando el mismo experimentador actúa en presencia de observadores neutrales o simpatizantes, sus éxitos son mayores.

Basta con leer las historias de la magia, de la medicina alternativa, de los "sanadores" del pasado e incluso la de los sanadores a través del poder de la sugestión o de la fe de nuestros días, para advertir que existe, sin duda alguna, un poder que actúa y es capaz de influir sobre los demás, incluso a grandes distancias. Ciertamente, la sugestión plantada como una semilla en la mente del paciente o de la víctima, según sea el caso, lleva en sí la semilla benéfica o nociva, aunque a veces la sugestión en nada interviene en los resultados, especialmente en los casos de tratamiento a distancia, en los que el paciente puede no tener ni idea de que el sanador está "trabajando" sobre él. Si la telepatía tiene algo que ver en esto, eso es algo que no se ha podido probar ni desmentir todavía.

Es digno de mención el hecho de que los grandes estudiosos de la ciencia especializados en electricidad, incluidos Edison, Steinmetz, Tesla y Marconi, sentían un vivo interés por la telepatía. El doctor Alexis Carrell no solo creía en la telepatía, sino que decía que los hombres de ciencia debían entregarse a su estudio, lo mismo que se estudian los fenómenos fisiológicos.

Pese al hecho de que el secretario de la *London Society for Psychical Research* (Sociedad para las Investigaciones Psíquicas de Londres), al cabo de veinte años de estudio y experimentación, haya declarado que la telepatía es una realidad, y a pesar de las experiencias obtenidas en las diversas universidades que han proporcionado y siguen proporcionando sorprendentes pruebas sobre su existencia, hay muchos hombres de ciencia que siguen negándose a aceptar estos hechos. Además, los numerosos científicos que realizan investigaciones por su cuenta son considerados como meros excéntricos en algunas esferas retrógradas.

Muchas veces me he preguntado si los que tratan de poner en duda la realidad de esta ciencia son justos, no solo con los interesados en este fenómeno, sino también consigo mismos, sobre todo teniendo en cuenta que los trabajos investigativos han podido conducir a fabulosos descubrimientos que hasta ahora ni nos atrevíamos a soñar como posibles.

Muchos aficionados a los perros y a los caballos, particularmente aquellos que se han dedicado a tener algunos de estos animales durante largo tiempo, sostienen rotundamente que se establece una telepatía innegable entre el caballo y su amo o entre el perro y su dueño. Y nadie puede negar que circulan historias auténticas sobre fenómenos telepáticos registrados entre miembros de las tribus más ancestrales de nuestro mundo actual.

Hace algunos años, un hombre de empresa me dijo que solía librarse de los visitantes pesados que le hacían perder demasiado tiempo por el simple hecho de repetir mentalmente: "Es tiempo de que te vayas, es hora de que te vayas, vete ya, vete ya". Y repetía la última frase hasta que la visita comenzaba a ponerse nerviosa, miraba el reloj y decidía marcharse.

Admito que los escépticos dirán que la telepatía no tiene nada que ver con esto y que son las expresiones faciales, los movimientos del cuerpo, la mirada y los indicios de nerviosismo o de cansancio los que actúan como advertencia para que la visita se vaya. No obstante, hagan el experimento por su cuenta, teniendo mucho cuidado de no revelar cansancio ni aburrimiento por la expresión del rostro ni por los movimientos del cuerpo. Limítense a repetir sistemáticamente: "Vete ya, vete ya, vete ya, vete ya" y descubrirán que, al poco rato, el visitante comienza a buscar el reloj con la mirada, se mueve inquieto en su silla y, finalmente, se pone de pie, toma su sombrero, se despide y se va.

Algunas veces, sobre todo cuando el visitante está entusiasmado exponiendo algo que le interesa mucho o que considera de interés general, el procedimiento nos dará resultado. Pero inténtalo cuando se produzca una pausa en la conversación y te sorprenderás ante los resultados.

Hace algunos años, tuve mi oficina en el segundo piso de un edificio. La firma con la que estuve trabajando durante algún tiempo se mudó al décimo piso del mismo edificio. Así que, con frecuencia, al entrar en el ascensor, le decía al ascensorista: "Décimo, por favor", mientras involuntariamente seguía pensando en el segundo piso. Una y otra vez, el ascensorista se detenía en el segundo piso. Aunque yo le decía que me llevara al décimo, se detenía en el segundo bajo mi influencia telepática y se volvía para mirarme. Y lo cierto es que, en los primeros tiempos, los ascensoristas no me conocían ni sabían en qué piso trabajaba yo.

Un clérigo norteamericano, profundo estudioso de los fenómenos de la mente, me dijo que, cada vez que deseaba tener flores en su iglesia, enviaba un mensaje mental a sus feligreses pidiéndoselas. Al poco rato, siempre aparecía alguien trayendo un ramo o una cesta. Me dijo también que cada uno de los ventanales de la Iglesia los había donado alguno de sus fieles siguiendo sus instrucciones mentales.

El doctor Roy Chapman Andrews, en un programa radial, relató una de las más notables "coincidencias" que se hayan conocido. Él contó la historia de un escritor de canciones norteamericano quien, a poco de haberse publicado una de sus canciones, descubrió que la misma pieza de música, nota por nota, había sido compuesta y editada en Alemania unos días antes. El hecho de que la composición musical fuera exacta hasta en su última nota en ambas partituras, impresas en lugares tan distintos, hace que el caso sea mucho más notable que otros de características semejantes sobre dos personas que, separadas por miles de kilómetros, tienen las mismas ideas simultáneamente. A mí me pasó algo similar. Poco antes de redactar este libro, escribí un artículo y lo envié a una revista. Me lo devolvieron con una nota que decía que ya tenían un artículo sobre el mismo tema escrito por otro autor que vivía a cuatro mil kilómetros de distancia de mi casa. Elisha Gray sostenía que se le ocurrió la idea del teléfono al mismo tiempo que a Alexander Graham Bell. Es muy frecuente que a personas ajenas y distantes entre sí se les ocurra la misma idea. Sucede todos los días entre escritores, inventores, químicos, ingenieros y compositores.

Durante la preparación de este libro, mi agente-consejero y yo nos quedábamos sorprendidos con frecuencia al descubrir que se nos ocurrían las mismas ideas simultáneamente. Y no solo eso, sino que pensábamos al mismo tiempo en la utilización de diversos nombres, sin que nada, salvo la telepatía, pudiera explicar su coincidencia.

Anteriormente, cuando mis editores sugirieron que agregara un capítulo más al libro, llevaba ya trabajando en el mismo alrededor de una semana cuando recibí una carta de mi consejero diciéndome que la editorial me sugería que agregara... el mismo tema sobre el que yo ya estaba escribiendo. La curiosidad me impulsó a investigar y descubrimos que la idea se nos ocurrió a los dos simultáneamente. Por supuesto, no hay manera de saber si mi consejero me transmitió la idea o yo a él. Me limito a dejar los hechos consignados.

Capítulo 8
El poder femenino en la magia de creer

Mientras reunía el material para este libro, pensé con frecuencia en las muchas mujeres famosas que han utilizado el poder la convicción. Cierta vez, hablando con Ben Hur Lampman, conocido escritor y naturalista, me sugirió que tratase el tema de esta ciencia en relación con el poder femenino.

Muchas mujeres quizás no se den cuenta de que utilizan y pueden utilizar esta ciencia tan ventajosamente como los hombres y, por lo tanto, sería de utilidad escribir sobre ello. Una vez se comprenda y aplique lo que usted ofrece, el mundo se puede volver cabeza abajo. Las mujeres de todas las naciones se pueden unir y utilizar esta ciencia y así, de seguro, se terminarían las guerras.

Las mujeres son muy persistentes, cuando se les ocurre la idea de que pueden hacer algo, y esa idea penetra profundamente en su subconsciente, no hay nada que pueda detenerlas para alcanzar su propósito. Así, en cuanto las mujeres sigan comprendido su poder, no hay nada que pueda detenerlas. Si las mujeres quisieran, concluirían por gobernar el mundo: 'El cielo no conoce arrebatos como los del amor trocado en odio, ni hay infierno semejante a la furia de una mujer burlada'. Una vez que se pongan en pie comprendiendo lo que pueden hacer, no hay quien las detenga. Las mujeres son más versátiles y más adaptables. Aunque Napoleón decía que era él quien producía las circunstancias, la mayoría de los hombres son sus víctimas, mientras que las mujeres, por su misma manera de pensar, hacen que las circunstancias estén a su favor.

Me parece que, hoy en día, las mujeres tienes los medios para obtener todo lo que se propongan en su mente. Ciertamente, las oportunidades están todas alrededor de ellas. De hecho, nunca antes en la historia ha estado el mundo más abierto a las mujeres como hoy en día. Entre los campos que antes estaban restringidos solo para los hombres, hay comparativamente pocos en los que las mujeres no están representadas. Hoy se encuentran mujeres brillantes en la ciencia, las artes, el periodismo, la publicidad y diferentes ramas del gobierno, todas ellas trabajando con inteligencia, con conocimiento total de sus deberes y conscientes de sus nuevas oportunidades y responsabilidades.

Por lo tanto, quiero destacar la importancia que ha tenido la aceptación de esta ciencia de la convicción por parte de las mujeres en relación con sus propias necesidades, y en las páginas siguientes daré ejemplos acerca de las mujeres del pasado que la han utilizado ventajosamente. Es indiscutible que, cuando las mujeres despierten, desempeñarán un papel más vital que nunca en los asuntos del mundo.

Por ejemplo, incluso antes de la Segunda Guerra Mundial, las mujeres norteamericanas han estado en una situación favorable para hacer que las cosas marchen según sus deseos (aun cuando tal vez lo ignoren). ¡Ellas han controlado la riqueza de Estados Unidos! Las estadísticas muestran que de los trescientos mil millones de dólares que constituyen las grandes fortunas del país, el 60% está en manos de las mujeres, o sea, la fabulosa suma de doscientos diez mil millones.

Durante la guerra, las mujeres trabajaron como mecánicas, soldados, en servicios varios y otros empleos reservados hasta entonces a los hombres. Para millares de mujeres que jamás tuvieron la oportunidad de hacer otra cosa sino sus trabajos domésticos, tal experiencia debe haberles indicado la realidad de sus potenciales posibilidades para desempeñar un papel más activo en nuestro mundo actual.

En los Estados Unidos, hay en la actualidad millares de mujeres de renombre, tales como pedagogas, banqueras, industriales, escritoras, directoras de diarios y de revistas, pintoras y profesionales de la medicina, de la abogacía y de otras carreras. Muchas de las grandes reformas llevadas a cabo en Norteamérica son fruto de las ideas surgidas de las mentes femeninas. Y, si se pudieran reunir y ordenar los hechos, se vería que no solamente fueron suyas las ideas, sino que las mujeres constituyeron la fuerza impulsora que las hizo cristalizar en realidades. Tal vez algún lector masculino se sienta molesto por estas afirmaciones, pero no hay manera de ignorar tales hechos verdaderos.

Como periodista, he hecho un seguimiento del movimiento feminista durante cuarenta años, y he podido ver y apreciar la fuerza arrolladora de las mujeres.

Cuando se me sugirió que expusiera específicamente esta ciencia en relación con el poder femenino, pensé inmediatamente en la señora de R.E. Bondurant, que había desplegado enorme actividad en cuestiones feministas y de beneficencia, de adopción de leyes protectoras para el trabajo de los niños, de construcción de hospitales y hogares para niñas delincuentes, de diversas leyes beneficiosas para las mujeres y los niños y de movimientos de opinión destinados a favorecer a las personas privadas de la visión y a otras personas imposibilitadas físicamente por cualquier razón. La labor que realizó en cuarenta años es algo impresionante y hoy, a los setenta y un años de edad, pese a que no puede caminar, sigue siendo tan entusiasta como siempre y continúa buscando nuevos horizontes para conquistarlos.

En estos últimos tiempos, la señora Bondurant se ha mantenido muy activa en la defensa de los "Chin-Uppers", una organización que apoya a personas con discapacidades físicas. Ahora, ella proyecta abrir una gran tienda de su propio bolsillo, pero todos los beneficios serán destinados a favor de los "Chin-Uppers". Pasé con ella todo un domingo en su sala de estar, entre sus libros y sus flores. Junto a la puerta, se veía un par de muletas, las cuales ha tenido que usar durante muchos meses, pero ahora, pese a sus años, sube y baja de los trenes y buses sin ayuda de nadie. Ella emplea un bastón para salir de su casa y en su habitación camina sin ladearse. Conversamos ampliamente sobre la ciencia de la convicción y la señora Bondurant me dijo:

Es algo sobre lo cual no puede dudarse, y yo hablo desde mis setenta y un años. He tenido una larga existencia en la cual no solo cuidé de mi hogar y crié a mis hijos, sino que, como usted sabe, participé en múltiples actividades. Hay un 'algo', llámenle como quieran, sea fuerza, Dios, o lo que fuere, que siempre está soportándonos cuando más lo necesitamos. Jamás en mi vida sentí que me fallara ese 'algo'. Sencillamente tenemos que creer y, cuando contemplo los años pasados y recuerdo a las notables mujeres con las que trabajé forjando leyes para proteger a las mujeres y a los niños, descubro que era el 'indomable espíritu' de esas personas que creían firmemente en la justicia de su causa lo que hizo posibles y eficaces tales leyes.

Me sorprende el hecho de que la mayoría de las mujeres no se den cuenta de su formidable poder. No diré que sea por estupidez, porque jamás admitiré que las mujeres sean estúpidas, sino que se debe a su falta de interés. Me sorprendo cuando, al hablar a grupos de mujeres, descubro que muchas de ellas ignoran que los grandes movimientos de reforma destinados a protegerlas a ellas y a sus hijos fueron iniciados por mujeres, y estoy convencida de que, en cuanto las mujeres descubran su fuerza y su poder, lograrán erigir una paz definitiva y hacer de este mundo un lugar mejor que la sede regida por varones guerreros que es hoy día. Todos los grandes movimientos progresistas del mundo se han llevado a cabo gracias al ímpetu de hombres y mujeres soñadoras e idealistas, convencidos de que sus sueños se convertirían en realidades. No podía ser de otro modo. Es como el viejo cuento del ascenso a la cúspide de la montaña en busca de ese algo indefinible del que hablábamos. No establece diferencia alguna de qué lado se inicia el ascenso, ni quiénes son los que llegan primero a la cima, ni quiénes ascienden rápidamente. Lo mismo ocurre con la convicción. No importa tanto si el objetivo de nuestras aspiraciones es real o imaginario, pero, si es imperturbable la convicción de alcanzarlo o de seguir la ruta fijada, esto permite convertirlo en realidad.

No quiero hacer críticas, pero he observado que las personas, en general, carecen de la acción necesaria o de la debida energía impulsora para respaldar sus convicciones. Por ejemplo, algunas organizaciones femeninas aprueban tales o cuales resoluciones en favor de esto o de lo otro y creen que ahí termina la lucha. Las resoluciones no sirven a menos que los sentimientos expresados auténticamente logren concentrar la atención de los poderes efectivos.

Durante los muchos años que pasé patrocinando diversas causas y obteniendo la aprobación de leyes, jamás recibí un centavo como remuneración, ni siquiera para solventar mis gastos. Aunque esto parezca necio a mucha gente, debo decirles que, cuando se arroja pan al mar, las olas siempre lo devuelven a la costa. Como ejemplo, puedo decirles que durante la crisis mi esposo perdió ochenta mil dólares. Estaba enfermo y en cama y yo tenía que ir diariamente a la oficina para atender la correspondencia y realizar las cosas habituales. A veces parecía que en modo alguno conseguiríamos el dinero necesario para pagar las cosas más apremiantes, pero siempre en los momentos de apuro aparecía algún cheque de personas a las cuales mi esposo había prestado dinero y, en algunos casos, hacía muchos años. Fueron tiempos difíciles para nosotros, pero siempre recibimos ayuda en el momento oportuno y yo jamás perdí mi fe en que saldríamos adelante.

Mientras observaba y escuchaba a la señora Bondurant, comprendía que me hallaba ante una mujer extraordinaria, algo así como un potente dínamo humano cuya recia convicción dotaba a su espíritu de la decisión de lograr las cosas que se proponía. Pensando que aquella mujer había logrado la aprobación de más leyes que ninguna otra mujer ni organización del país para la protección de los necesitados, medité sobre el cambio que experimentaría el mundo si todas las mujeres poseídas de idéntica visión y energía que ella, adoptaran esta ciencia y actuaran en el mundo.

No hace mucho aparecieron en los diarios las noticias sobre la muerte de dos grandes mujeres: una de ellas, Grace Moore, quien tenía una hermosa voz, y otra, Miss Ellen Wilkinson, la indomable dirigente británica. Ambas supieron desde muy temprana edad lo que querían en su vida.

Al igual que muchas otras mujeres que han alcanzado el éxito, Grace Moore triunfó frente a tremendas dificultades que hubieran abatido incluso a los hombres más fuertes. Ya de niña, soñaba con ser una gran cantante de ópera. Y ella, incluso en sus peores tiempos, cuando siendo casi una criatura tenía que cantar en los cafetines de Greenwich Village de Nueva York, jamás perdió los ánimos. Ella debutó a los diecisiete años y antes de los cuarenta y cinco había llegado a la cúspide de su carrera. Una y otra vez, cuando las circunstancias parecían vencerla definitivamente, ella, con inquebrantable valor, lograba triunfar. Cuando perdió su voz y los especialistas de garganta le dijeron que jamás volvería a recuperarla, ella libró una fantástica batalla. Y al cabo de un año de retiro, volvió a reaparecer con una voz más hermosa que nunca. La gloria de su voz le dio fama y dinero, y en el momento del desdichado accidente de aviación que le costó la vida, cuando se dirigía hacia Copenhague a inicios de 1947, Grace Moore continuaba creyendo en sus sueños.

Grace Moore fue una de las pocas estrellas que siempre estaba dispuesta a ayudar y dar una oportunidad a los jóvenes artistas con talento. Son muchos los cantantes de ambos sexos que lograron llegar gracias a su ayuda. Se cuenta que, cierta vez, cuando una de sus protegidas se puso "temperamental", en vista del papel que le habían asignado en el reparto, ella le dijo que para los grandes artistas no hay papeles pequeños, del mismo modo que para los artistas pequeños jamás hay papeles grandes.

Ellen Wilkinson, que llegó a ser ministra de Educación de Gran Bretaña, fue una mujer delgada, de roja cabellera, con una tenacidad y un ímpetu irresistibles. Tenía alrededor de un metro y cincuenta y cinco de estatura, pero jamás se acobardó, ni siquiera ante las figuras masculinas más prominentes de Inglaterra. Comenzó su carrera como maestra de escuela, fue sufragista, después novelista y periodista y, finalmente, llegó a ser ministra. Se sentía halagada cuando alguien decía que en toda Gran Bretaña no había otra mujer más activa y más tenaz. Tal vez su principal obra en favor del pueblo fue su campaña educativa, gracias a la cual ningún niño podía abandonar la escuela antes de los catorce o quince años. Ella ganó esta batalla frente a la tenaz oposición de los demás ministros y de la gran demanda de muchachos para trabajar en la industria británica.

Desde los días de Cleopatra hasta la fecha, han existido millones de mujeres que, con sus firmes convicciones personales, han influido decididamente sobre la vida de millones de seres. Y aunque esto no se haya puntualizado históricamente, tenemos pruebas de la influencia de las mujeres en la historia. Los nombres de varias de las que lograron sus propósitos debido a la solidez de sus creencias son muy conocidos por todos.

Una de ellas fue Eugenia de Montijo, que se casó con Napoleón III. Siendo pequeña en España, se cayó contra un pasamanos y se lastimó. Su niñera, que era una gitana española, le dijo que no debía llorar, ya que iba a ser reina de un gran país. Le dijo también que viviría cien años. Eugenia creía en las gitanas y la profecía se convirtió en realidad con pasar del tiempo. Ella se convirtió en emperatriz de Francia y vivió noventa y cuatro años, seis menos de los vaticinados por la gitana.

Otro ejemplo es Marie Curie, la famosa codescubridora del radio, quien fue también objeto de otra profecía. Una gitana le dijo en Varsovia, siendo niña, que alcanzaría fama mundial. Marja Sklodowska, conocida después como Marie Curie, estaba corriendo y jugando con un grupo de compañeras, cuando la vieja gitana la detuvo y le pidió que le dejara leer su mano. Sus compañeras la instaban a que no hiciera caso, pero ella accedió. Todos sabemos que la fama de esta científica se extendió, en efecto, por todo el mundo y que ha sido una de las mujeres más notables de nuestra época.

El deseo de descubrir lo que había detrás del extraño fenómeno que nos rodea conocido como radioactividad impulsó a Pierre y Marie Curie a realizar los estudios e investigaciones que condujeron al sensacional descubrimiento del elemento radio. Jamás podremos saber si fueron o no las palabras proféticas de la vieja gitana las que inspiraron a Marie Curie e influyeron sobre su carrera. Sin embargo, al leer su vida parece que esa conclusión es obvia, ya que fue en su niñez cuando ella decidió dedicarse al estudio de la ciencia. Y la gitana le había predicho fama en el campo científico precisamente.

Cuando se le denegó el permiso para estudiar en la Universidad de Cracovia (el secretario de la universidad le dijo que aquello no era para mujeres y le sugirió que estudiase arte culinario), se trasladó a París e ingresó en la Sorbona. Se pagó los estudios dando clases particulares y trabajando en laboratorios. Allí conoció a Pierre Curie, con quien se casó, y una vez que se embarcó con él en la tarea de seguirle la pista al misterio de la radiactividad, ya nada pudo detenerla. Marie Curie tenía dos hijos, un hogar qué atender y también el problema de su pésima salud, pero se negó a dejar el laboratorio, incluso cuando su esposo, preocupado por lo delicado de su salud, se lo suplicó insistentemente. Pocas mujeres han sido objeto de tantos honores como Marie Curie, a quien de niña una gitana predijo que sería famosa. Ciertamente, madame Curie convirtió en realidad la profecía vislumbrada en su niñez.

Una historia sorprendente, quizás la más extraña que se conozca y que demuestra el increíble poder de la convicción, es la de Opal Whiteley. La vida asombrosa de esta mujer prueba claramente, como dice William James, que la convicción crea los hechos y es prueba indudable de que, con frecuencia, los acontecimientos mismos son modificados por nuestros grandes deseos.

Esta es la historia de una joven que, según quienes la conocieron en su niñez, era hija de un matrimonio norteamericano, de apellido Whiteley. Su padre no pasaba de ser un simple leñador. Sin embargo,

Opal Whiteley estaba convencida de que era hija de Henri d'Orleans, pretendiente al trono de Francia y de una princesa india. Se afirmaba que, a los seis años, había escrito un diario, en el cual hablaba de "su padre" y "su madre", diciendo que eran de sangre real. Dicho diario fue publicado en 1920, bajo los auspicios de la revista *Atlantic Monthly*. Causó sensación y provocó una escandalosa controversia literaria, a la que prontamente fueron arrastrados psicólogos, hombres de ciencia, astrólogos, físicos, periodistas, sacerdotes, críticos literarios y muchas de las personas que habían conocido personalmente a Opal.

En la Historia de la literatura de Oregón, de Alfred Power, hay un capítulo de Elbert Bede el cual dice:

No me cabe la menor duda de que una gran parte del Diario de Opal es un fraude y un plagio otra buena parte, y ya he presentado pruebas que demuestran que es imposible que sea hija de quien pretende ser.

El diario en cuestión se dio a conocer cuando ella tenía veintidós años, y aun cuando Opal Whiteley probablemente no pertenecía a la realeza india, pocos años después fue aceptada como si lo fuera.

En 1933, unos trece años después de la publicación de su diario, los periódicos norteamericanos publicaron un relato de una mujer norteamericana que viajaba por la India. Contaba que, mientras se hallaba en el Estado de Udaipur, vivió una curiosa experiencia. Iba en su coche y se quedó asombrada al ver otro carruaje que venía en dirección contraria, escoltado por numerosos jinetes militares. En el otro coche se hallaba Opal Whiteley, la muchacha nacida en un campamento de leñadores de Oregón. Posteriores investigaciones revelaron que Opal Whiteley residía en el palacio del maharajá de Udaipur, el príncipe indio gobernante. Se dio igualmente a conocer el hecho de que Ellery Segdwick, director de *Atlantic Monthly* (la revista que publicó su el diario), pudo comprobar la veracidad de la información y afirmaba que Opal estaba viviendo en el palacio real. Sedgwick había recibido comunicaciones de dos secretarios de otras tantas cortes de maharajás con la confirmación de dicha historia y en su libro *The Happy Profession,* Sedgwick dedica todo un capítulo a este extraño episodio.

Yo hablé varias veces con el señor Bede, conocido periodista de Oregón y director del *Oregon Masan,* sobre el modo notable en que Opal modeló su destino y Bede me dijo: "Fue algo misterioso, casi sobrenatural, como las circunstancias se fueron adaptando a sus planes".

Bede, al igual que la mayoría de las personas que conocieron a la joven en su adolescencia, estaba absolutamente convencida de que Opal había nacido en Estados Unidos y de padres norteamericanos, los Whiteley. Me dijo que la había conocido muy bien y que, con frecuencia, la vio en su hogar de Cottage Grove.

> *La primera vez que me fijé en Opal fue cuando concurrí al Congreso de Juventudes Cristianas, enviado por mi diario, y se me dijo que la presidenta era una joven de diecisiete años que vivía en el campamento próximo. Opal me impresionó como una persona vibrante, inquieta, exótica, extravagante, extrañamente informada para sus años, profundamente seria y muy religiosa. Poco después, se convertía para mí en un enigma indescifrable.*
>
> *Opal siempre estaba haciendo proyectos y planeaba perfectamente cualquier cosa que pensara emprender. Resultaba sorprendente descubrir cómo, para la preparación de un libro que estaba escribiendo,* La tierra mágica en que vivimos, *Opal solicitaba y conseguía contribuciones de personas tales como Andrew Carnegie y John D. Rockefeller. En un folleto de propaganda del libro, figuraban testimonios de admiración de personas tales como la reina Isabel de Bélgica, Theodore Roosevelt, Nicholas Murray Butler, Gene Straton Porter y de otras prominentes personalidades.*

De todo el relato del señor Bede, me impresionó este párrafo:

> *Con todos los proyectos tan bien delineados que desarrolló Opal antes de lanzarse a corretear por los centros de cultura de Massachusetts, a menudo me he preguntado qué planes*

no debió efectuar para lograr que le publicaran su diario, y cómo Ellery Sedgwick se lo solicitó incidentalmente para publicarlo.

Mientras meditaba yo sobre tales palabras, me pregunté si fue en realidad incidental el que Sedgwick le pidiera el diario, y si no era más verosímil que la extraña muchacha le hubiera imbuido esa idea "telepáticamente" a Sedgwick. No hablé con Bede de este punto, pero si Opal Whiteley sabía cómo transmitir mentalmente sus pensamientos a los demás, entonces se explica cómo Sedgwick le pidió su diario en forma aparentemente casual.

Hace muchos años que tengo la convicción de que las personas que viven próximas a la naturaleza y las que se hallan íntimamente asociadas con los animales, tanto salvajes como domésticos, tienen un conocimiento psíquico profundo que les permite ver más allá del horizonte de donde les alcanza la vista a los seres comunes que viven en las ciudades, las que jamás se aproximan a una vaca más que para retirar la botella de la leche. Siempre he creído que a esas gentes sencillas la naturaleza les revela muchos de sus secretos, los cuales no alcanzan a conocer jamás los que viven en nuestras modernas ciudades. Llámese o no telepatía, la capacidad de transmitir reservadamente nuestros pensamientos a los demás es uno de los secretos que la naturaleza revela a los que mantienen estrecho y cercano contacto con ella. Es del dominio común que los habitantes de la selva, y en general los salvajes de todas las partes del mundo, conocen el secreto de la telepatía y lo han utilizado desde hace siglos. Hay muchos libros sobre telepatía entre los antiguos. Como dijera en cierta ocasión un famoso director de diario: "Aceptar la idea de que los salvajes no conocen ni utilizan la telepatía, nos clasificaría inmediatamente como incultos".

Veamos ahora lo que Bede dice sobre Opal y su estrecho contacto con la naturaleza:

Un volumen no nos bastaría para resumir la personalidad de esta criatura tutelada por la naturaleza quien, a la edad de seis años, según nos vemos obligados a creer por su diario, confiaba sus secretos más íntimos a Miguel Ángel Sanzio

Rafael (un árbol abeto), y cuyas amistades, en vez de gentes, eran Lars Porsena de Clusium (un cuervo), el Bravo Horacio (un perro pastor), Pedro Pablo Rubens (un cerdito), Thomas Chatterton Júpiter Zeus (un ratón) y otros personajes con nombres igualmente clásicos.

En sus años de adolescente, Opal reunió muestras geológicas y también millares de insectos, desde piojos hasta gusanos, para conservarlos cuidadosamente. Hacía acopio de crisálidas en grandes cantidades y observaba cómo Dios daba vida a las bellas hadas de los campos. De alguna manera, obtuvo prodigiosos conocimientos de todas estas cosas. Sin haber completado sus cursos de enseñanza superior, esta joven doncella del misterio se presentó en la Universidad de Oregón, en donde los requisitos para entrar fueron no se le aplicaron debido a sus conocimientos de geología, astronomía y biología.

Según Bede y otros que la conocieron bien, nadie oyó mencionar jamás que Opal fuera hija adoptiva de los Whiteley, y Bede agrega que, solo cuando se publicó el diario de Opal en el *Atlantic Monthly*, supieron sus familiares y amigos que la joven sostenía la extraña versión de ser hija de otros padres.

Le pregunté a Bede cuál era la opinión de Whiteley (su padre real o adoptivo) sobre la pretensión de Opal de llevar sangre real en sus venas, y me dijo que el padre pensaba que "su hija" había sido trastornada por algunos buscadores de publicidad y sensacionalismo.

Poco después de que se diera publicara su diario, Opal Whiteley partió de los Estados Unidos muy en secreto, viajando no con un pasaporte ordinario, sino con un documento confidencial firmado por el secretario de Estado de la Unión y por el titular del Foreign Office británico, Sir Edward Grey. Cómo pudo lograr cosa tan sorprendente, es cosa que Bede y otros que conocieron a la joven no lograron explicarle jamás. Pero si Opal llevaba o no sangre real en sus venas, evidentemente tenemos aquí una prueba de los extraños poderes que posee la mente humana, de los cuales sabemos tan poco.

Hace años, cuando Bede escribió su artículo, declaraba:

> *La última vez que tuvimos noticias de Opal supimos que había sido aceptada definitivamente como princesa de la India, como consecuencia del supuesto casamiento de Henri d'Orleans, 'el ángel' padre del que habla Opal en su diario.*

Le pregunté que cómo era posible que Opal hubiera sido aceptada como princesa de la India si en realidad no lo era, y me dijo que él tampoco se lo explicaba. Le dije entonces si no creía que la joven, al pensar firmemente que era de sangre real, debido a esa profunda convicción, podía haber influido en estos acontecimientos.

"Francamente no lo sé. Pero es posible, ya que no hemos logrado investigar todavía las profundidades de la mente humana e ignoramos los alcances de su poder".

Si leemos la historia de Sedgwick sobre la extraña joven, veremos que él también está convencido de que los verdaderos padres de Opal fueron los Whiteley, y de que su convicción de llevar sangre real en sus venas era pura fantasía.

Posiblemente fuera fantasía, pero lo indiscutible es que fue aceptada por la realeza porque Opal, evidentemente, conocía cierto número de secretos ignorados por las personas comunes. Transcribo a continuación la historia de Sedgwick sobre la muchacha de Oregón que logró convertir en realidad sus sueños.

> *Tengo una teoría y la sostengo. Entre una infinidad de cartas, llegó una escrita por un norteamericano, hijo de franceses, cuyo padre fue sargento en el ejército francés durante la guerra francoprusiana de 1870. El coronel o general del regimiento de dicho sargento fue el príncipe Henri de Barbón y, hacia el fin de su vida, dicho príncipe, que viajaba por Estados Unidos, se detuvo en Oregón para visitar al viejo sargento que había servido bajo sus órdenes. Si esto es cierto o no, lo ignoro, y me atengo a lo que dice la carta, pero no hay motivo para dudar de ella. La llegada del príncipe a su casa parece evidente. 'Me senté en sus rodillas', dice. Y yo le creo.*

Ahora bien, según mi teoría, la visita de un príncipe a una aldea de Oregón constituyó todo un acontecimiento. La verdad y la leyenda se mezclaron y se esparcieron por todo el campamento de leñadores, y es muy verosímil que el relato impresionara y cautivara la mente de una niña imaginativa y soñadora, que hizo de ese hecho, el centro de sus sueños. En el corazón de cada pequeña se halla entronizada la Cenicienta y para Opal la leyenda se convirtió en realidad. Con el correr de los años, fue magnificando su verdad, hasta el extremo de que penetró profundamente en su conciencia, en las fantasías de su imaginación, y en su vida toda.

Esa es mi teoría sobre la niñez de Opal. Con el paso de los años, los sueños de la niña se convirtieron en realidad. Opal, que entabla relación con muchas personas notables de Nueva York y de Washington, muchas de las cuales la mimaron y le protegieron, terminará por hartarse de ellas. Se marcha a Inglaterra, sin dejar de hacer nuevas e importantes amistades, adopta la fe de su 'padre' y se instala en la comunidad católica de Oxford. Luego, cierto día, tengo sorprendentes noticias de ella. Una amiga de mi juventud, la señora Rosina Emmet Sherwood, madre del famoso autor teatral, me escribe para preguntarme si puede creer a una amistad suya que le escribe diciéndole que ha visto con sus propios ojos a Opal sentada, como una princesa de cuento oriental, en un lujoso palacio, precedida por heraldos reales que iban despejándole el tráfico para permitirle el paso de Su Alteza la princesa mademoiselle Fraçoise de Barbón. La historia era verosímil, por cuanto era cierta. La comprobé por encima de toda duda. Primero escribí a Opal, quien me envió una colección de fotografías tomadas durante su gira por la India. La vi subida en la silla de un elefante, lista para emprender una cacería de tigres (Henri de Barbón fue un cazador famoso, distinguido en la India por haber cazado treinta y seis de estos animales) y me eché a reír recordando a Opal cantando versos franceses en honor de la victoria de su 'padre', rodeada de personajes con turbante. Los fotógrafos pueden ser mentirosos, como ya dije frecuentemente en mi relato, y muchos de ellos, que proceden de Hollywood, rara vez contradicen esta afirmación. No me quedé satisfecho, y como Opal decía haber vivido en el palacio de los dos maharajáes más grandes de la India, les escribí. A su debido tiempo, recibí dos cartas, con los correspondientes sellos, en las cuales los secretarios de Sus Altezas me informaban que habían tenido el privilegio de recibir a su Alteza Real la princesa madeimoselle de Barbón, en cuyo honor organizaron numerosos festejos. Y lo más maravilloso del caso se produjo cuando recibí la carta (no solicitada) de un teniente coronel de las fuerzas de Su Majestad Británica, que estaban en ese momento de maniobras en Aldershot, informándome con cierta aspereza de que el coronel en persona había sido honrado con la orden de recibir a Su Alteza Real en un fiesta oficial ofrecida en su honor. Además, me rogaba le informase sobre quién era la persona que se atrevía a poner en duda la autenticidad de Su Alteza Real.

Cierro este relato con una nota melancólica. En el diario que Opal envió junto con sus fotografías, ya no quedaba el menor vestigio de la contagiosa fascinación de los tiempos pasados. Opal describía las cosas tal y como eran. La niebla del amanecer se había disipado. El duro sol de la madurez caída a plomo sobre un mundo que no todos vemos con excesiva claridad. El reino de las hadas pertenecía ya a los juegos de otros niños. Para Opal, que estaba fuera de él, sus puertas ya se habían cerrado. Pero, aunque seguía siendo la Opal del diario, había vivido su sueño y su visión se había vuelto realidad. No hay verdad más cierta que aquella que ilumina el corazón de la niñez.

Algunos lectores podrán poner en duda la veracidad de esta historia, pero los hechos son tal y como los relaté. Tal y como Sedgwick escribió: "La niña que escribió el diario creía en él. Sabía que esa era su vida".

No puede ofrecerse mejor prueba sobre la genuina magia de creer que esta extraña historia de Opal Whiteley, la niña que creyó firmemente ser una princesa india y que fue aceptada como tal.

Desde los tiempos bíblicos, la historia está llena de ejemplos de profetas, oráculos, adivinos, astrólogos y vaticinadores del futuro. Como periodista (y yo tengo fama de ser uno de los que investigan a fondo), he examinado numerosos casos de tales idealistas, videntes y profetas, y aun cuando algunos de ellos son meros charlatanes, hubo otros que me llenaron de asombro. Es evidente que hay adivinos que creen en sus facultades de adivinación y están convencidos de su poder para predecir el futuro. Las personas que creen solo en lo visible a los ojos dirán que eso es imposible. Por lo que a mí se refiere, he pasado muchos años realizando trabajos de investigación, y por eso mismo no soy tan categórico, pues he comprobado que algunas grandes predicciones se han cumplido.

Aunque no faltan quienes se ríen de las capacidades de los astrólogos, adivinos y videntes en general, son millones las personas que creen en ellos, sin excluir a algunos de nuestros más grandes financieros y estadistas, actores, actrices y personas de todas las esferas sociales y actividades. Incluso algunos miembros del Gobierno norteamericano creen en las predicciones.

Sean cuales fueren mis puntos de vista sobre la cuestión, y crea o no que es posible predecir el futuro, desde hace tiempo pienso que la realización de los vaticinios no depende tanto de la videncia de los augures como de la fe que depositan en ellos las personas involucradas en los mismos. En suma: cuando el astrólogo o el adivino predicen algo a alguien, infunden en la mente de la persona una fuerte sugestión. Inmediatamente, las fuerzas del subconsciente entran en acción y, en muchísimos casos, hacen realidad la premonición. Es, pues, el poder de la sugestión y la magia de creer los que al final hacen que se traduzca en realidad el vaticinio. Tengo la convicción de que esto es lo que ocurrió en los casos que he mencionado anteriormente.

Pienso en Marie Dressler, la mujer que ha hecho reír a más gente que ninguna otra actriz de los tiempos modernos. Aquellos que la han visto actuar en sus películas, así como en el teatro, jamás olvidarán su gran personalidad. Los lectores que conozcan bien su historia saben que Marie Dressler conoció tiempos muy difíciles y padeció grandes privaciones antes de ser una gran actriz del cine y el teatro. Ignoro si es cierto o no, pero leí que fue la predicción de un astrólogo lo que la impulsó a llegar a la cumbre.

A este respecto, quiero contar una extraña experiencia ocurrida poco antes de la muerte de Marie Dressler. A manera de explicación, quiero decir que creo firmemente en que, cuando las personas tienen modos afines de pensar y sentir, tienden a entrar rápidamente en relación unas con otras.

Poco después de haber escrito mi libro *T.N.T. El poder está en tu mente*, pensé que todos los grandes hombres y mujeres de la Tierra habían utilizado la ciencia de la que en ella yo hablo, y para comprobarlo empecé a escribir a cierto número de distinguidas personalidades, pidiéndoles su opinión.

Marie Dressler fue una de las elegidas por mí en primer término, tal vez porque yo era un ferviente admirador suyo. La oí una noche por radio e inmediatamente comprendí que ella poseía esa "facultad" que mucha gente busca y pocos logran utilizar y "supe" que, si le escribía, me contestaría enseguida. Mi secretaria, mientras redactaba la carta, me dijo que Marie Dressler jamás acusaría recibo de la misma. Incluso hicimos una pequeña apuesta, al igual que después hice otras con diversas personas. Todo el mundo sabe que son muy pocas las grandes estrellas que reciben y contestan personalmente las cartas de sus desconocidos admiradores, y fue basándose en esta deducción por lo que apostaron contra mí.

Pero aun cuando yo estaba seguro de que Marie Dressler me contestaría, me quedé asombrado ante su respuesta, la cual venía acompañada del pedido de veinte ejemplares de mi libro, acompañado de un cheque por el valor de los mismos. En su carta decía:

> *Muchas gracias. ¡Oh, qué estupendo libro si se utilizase adecuadamente! Mientras lo leo y miro hacia atrás (cosa que rara vez hago) para contemplar mi propia vida, tengo la impresión de que he seguido el camino correcto.*

Naturalmente, ahora que esta gran mujer ha dejado este mundo, su carta figura entre mis tesoros más preciados, porque jamás mantuve correspondencia con alguien que pusiera en tal medida su corazón en la tarea de ayudar a los demás, pese a que había pasado grandes sufrimientos y tuvo que sostener una terrible lucha para alcanzar la cima.

He aquí dos profundos pensamientos contenidos en su carta:

Primero: es inútil tratar de refugiarse o de pensar en el pasado. Está claro que Marie Dressler descubrió eso un buen número de años antes de su muerte. Comprendió que es imposible proyectar todas las fuerzas de nuestro espíritu hacia el futuro si estamos inmersos lo que ya se fue.

Segundo: como se desprende del hecho de pedirme veinte ejemplares de mi libro, siempre estaba pensando en la manera de ayudar a los demás. Esto podrá parecer a alguna gente "práctica" un gesto gratuito, pero la verdad es que hacer bien a los demás siempre conlleva la retribución de una compensación, aunque solo sea la satisfacción de saber que se ha hecho un bien.

El nombre de Helen Keller es conocido por millones de personas. Esta famosa mujer me maravilló. Como todo el mundo sabe, quedó ciega, sorda y muda cuando tenía veinte meses de edad, y sin embargo logró convertirse en la inspiración de millares de personas mediante sus conferencias, sus artículos y sus libros. La historia de su vida es fascinante, ya que Helen Keller, gracias a su esfuerzo maravilloso, aprendió a hablar y escribir, y dio al mundo un ejemplo de lo que pueden hacer las personas aquejadas por grandes afecciones o impedimentos físicos si tienen fe en sus posibilidades de lograr lo que se proponen. Conviene destacar que Hellen Keller era una swedenborgiana. Como quizás algunos de mis lectores saben, Swedenborg vivió en los primeros años del siglo XVIII y fue tal vez uno de los místicos más extraordinarios del mundo. Era un hombre fuera de lo común, capaz de predecir el futuro, y quien anticipó el advenimiento del submarino, la ametralladora, el aeroplano y el coche sin caballos de tracción animal que iría a grandes velocidades.

No sé si se puede calificar a Swedenborg como vidente, en el sentido actual de esta palabra, pero es indiscutible que su visión interior alcanzaba más allá de los límites normales. Creía en el poder de la mente y caía en trance con frecuencia. Él tenía visiones y extraños sueños, los cuales probablemente procedían de su mente subconsciente.

Otra mujer notable de nuestra época, sobre la cual tanto se ha discutido y cuyo nombre es conocido por millones de personas debido a que se llevó su vida a la pantalla, es la enfermera Elizabeth Kenny, que trajo de Australia a Estados Unidos en 1940 una idea para el tratamiento de la parálisis infantil. Como enfermera en Australia, ella descubrió un procedimiento para aplicar envolturas empapadas de agua caliente a las partes del cuerpo afectadas por la enfermedad. Pese al hecho de que fue ridiculizada por numerosos profesionales y no profesionales, Elizabeth Kenny, con su visión, persistió en su empeño, superó todas las dificultades y logró atraer la atención del público norteamericano, hasta que, mediante su esfuerzo, dio vida al Instituto Sister Kenny en Minneapolis.

Basta ver la fotografía de Elizabeth Kenny para advertir en sus rígidos rasgos el reflejo de una mentalidad poderosa la cual, puesta en acción y auxiliada por su notable elocuencia, había de darle la victoria final. En su tierra natal, ella fue combatida sin tregua, y solo por su incomparable tenacidad logró que la profesión médica norteamericana reconociera sus méritos.

De cuanto hemos leído y oído hablar de ella, podemos deducir que estaba firmemente convencida de que sus métodos eran acertados y practicables. Aunque el mundo entero estuviera en contra suya y tratara de desacreditarla, ella sola seguiría con valentía su camino. He ahí el ejemplo de una mujer con una idea precisa, un solo propósito y una decidida convicción sobre la eficacia de sus métodos de tratamiento, quien trajo una nueva esperanza para muchas de las personas afectadas por la terrible enfermedad.

Ahora me referiré a una historia que demuestra cómo la fuerza y el poder de muchas mujeres se prolonga hasta sus años posteriores. El relato se refiere a la capitana Mary Converse, cuyas hazañas hallaron gran publicidad en los diarios a comienzos de 1947. La señora Converse, veterana de la navegación, con más de treinta y cuatro mil millas marinas recorridas en su existencia, a los sesenta y cinco años se empeñó en navegar de nuevo. Nacida en Boston, aprendió el arte de navegar de su extinto esposo, Harry E. Converse, propietario de un yate a vapor. La señora Converse recorrió los siete mares y, en 1935, obtuvo su licencia como segundo piloto. En 1940, ella consiguió el título de capitán. Ella enseñó a navegar a miles de oficiales de la Armada, y las clases sobre este arte las dio en el comedor de su casa, en Denver. ¡Y a los sesenta y cinco volvió al mar de nuevo!

En el ámbito de los negocios, sobresale sin duda la norteamericana Lydia E. Pinkham. Su nombre quizás no lo conozcan tan bien las mujeres de nuestros días como las de cincuenta años atrás, pero el negocio que ella montó y su producto "Mezcla vegetal Lydia Pinkham", siguen en pie. De una idea sencilla, ella erigió un espléndido negocio que le hizo ganar millones y consolidó para ella una fama increíble.

Por ser hombre, no sé nada sobre la eficacia de la mezcla vegetal de la señora Lydia Pinkham, pero recuerdo que, en mi niñez, veía la botellita en el botiquín familiar. Fue ella y su organización quien modernizó la publicidad, vehículo este que manejó maravillosamente. Las ideas que todavía se utilizan en propaganda fueron concebidas por Lydia Pinkham y sus colaboradores. En muchos de sus avisos, se advierte una mezcla de filosofía casera con llamados emocionales que parecen tener el poder de penetrar en los corazones de las mujeres. Esto no solo produjo beneficios de millones de dólares por la venta de su mezcla vegetal, sino que durante medio siglo provocó la remisión de toneladas de entusiastas testimonios de agradecimiento a sus laboratorios, en Lynn, Massachusetts.

Una vez más, se demuestra con esta notable mujer lo que puede lograr y logra la magia de creer. Durante la juventud de Lydia Pinkham hubo mucha gente interesada fabricar los remedios caseros. Ella también se sintió atraída por la idea y comenzó a realizar su preparado en la cocina de su casa. Durante algún tiempo, obsequió su producto a las vecinas que lo necesitaban, hasta que un día pensó que lo podía vender. Puso manos a la obra y, al igual que muchas personas que comienzan con una idea, tuvo motivos suficientes para sentirse desalentada, pues chocaba con numerosas dificultades, no siendo las menores la falta de medios y la oposición de mucha gente escéptica. Pero nada pudo cerrarle el paso a esta mujer emprendedora que, con la enorme fuerza de su entusiasmo y su firme convicción, supo salir adelante.

Cualquier libro que documente el poder de la voluntad estaría incompleto si no mencionara a la señora Mary Baker Eddy, que erigió esa enorme organización religiosa conocida hoy como Ciencia Cristiana. Es sabido que la señora Eddy hubo de afrontar toda clase de dificultades, que debió luchar y que fue ridiculizada con furia. Pero ella tenía fe en la idea que dio al mundo su Ciencia y salud como clave de las Escrituras, y comenzó a desarrollar una formidable actividad, firmemente convencida de su creencia. Así, esta mujer de personalidad dinámica logró dejar su huella espiritual en millones de personas del mundo entero. Se ha dicho que pocas cosas que se hayan escrito han influido en las ciencias de la medicina y en la teología como lo logrado por las palabras redactadas por ella. La Ciencia Cristiana es otra demostración práctica del poder de la convicción.

El mundo siempre estará en deuda con Florence Nightingale, que fue el instrumento que hizo posible salvar la vida de millares de personas al conseguir que la profesión de enfermera ocupase el lugar que hoy se le reconoce universalmente. Este es un ejemplo más de una mujer que supo tempranamente en su vida lo que quería y que decidió cumplir su propósito. Ella había nacido con la decidida vocación humanitaria de cuidar a enfermos y heridos, pero en la época en que ella comenzó a hacerlo, la profesión de enfermera no era reconocida como tal.

Florence Nightingale procedía de una de las familias más ricas de Inglaterra y lo que debió hacer no era común para su clase social, pero esto no constituyó obstáculo alguno para esta gran mujer. Ella comenzó barriendo y fregando los pasillos de la Escuela de Enfermeros de Fliedner, en Alemania, y demostró rápidamente que podía no solo fregar los pisos, sino también curar heridas y, con sus palabras de aliento, revivir esperanzas. También ella tuvo que luchar contra la incomprensión de la gente, pero como la inspiraba la perseverante visión de su destino, en el que creía firmemente, los obstáculos no significaron la derrota para ella. Florence Nightingale abominaba el fanatismo y creía que todos los seres humanos merecían cuidado, tolerancia y compasión por encima de mitos, razas y credos, y poseía una gran elocuencia de la que se servía para respaldar sus nobles propósitos.

Durante la guerra de Crimena, los varones del ministerio de Guerra británico se burlaron de ella y anunciaron que su empeño terminaría en tremendo fracaso. De mala gana, autorizaron a aquella "loca" para que prosiguiera en su labor.

Dadas, pues, tan adversas condiciones, organizó a sus propias expensas una expedición privada de enfermeras y la condujo a Scutari, y aun cuando los oficiales encargados del hospital no querían que las mujeres "interfirieran" en su trabajo, ella decidió ofrendar sus servicios. La creadora de la enfermería moderna y su equipo de mujeres se hicieron cargo del hospital. Durante su permanencia en Crimea, su voluntad de hierro luchó sin descanso contra el rígido muro pedregoso de quienes se le oponían. Y una de ambas voluntades tenía que ceder... y cedió la del muro de piedra.

Algunos de los más destacados estadistas de Gran Bretaña ridiculizaron el trabajo de esta incontenible mujer e hicieron todo lo posible para detenerla en su ímpetu de reformas, pero sus cartas, "llenas de dinamita", despertaron a sus compatriotas, que concluyeron por adorarla. Se cuenta que, a los ochenta y dos años, se enfermó, y su enfermera decidió atarla a la cama para evitar que se levantara y siguiera trabajando. A los noventa, poco antes de su muerte, un amigo le preguntó si sabía dónde estaba, y ella respondió: "Estoy contemplando el estrado de los hombres asesinados y seguiré combatiendo en pro de su causa".

Cuando pensamos en mártires, la mayoría evocamos la imagen de los que han muerto crucificados, torturados o encarcelados por defender las causas en las cuales creían. Recordemos, no obstante, que la historia hace referencia a mujeres extraordinarias que sufrieron el martirio, al igual que muchos hombres, empezando por Juana de Arco, que fue quemada en la hoguera, hasta las mujeres de la época moderna que tanto combatieron y hasta fueron encarceladas por defender los derechos de las mujeres.

El nombre de Carrie Nation tal vez se está esfumando de la memoria de las jóvenes generaciones, pero durante muchos años, hacia fines del siglo XIX, Carrie Nation fue una de las grandes mártires femeninas. Al igual que muchos otros casos históricos, esta mujer estaba imbuida de la idea de que había sido designada por Dios para destruir las tabernas, y libró una guerra a muerte contra la venta ilegal de licores en el Estado de Kansas. Ayudada por algunas de sus partidarias, logró, mediante plegarias públicas y denuncias concretas, cerrar numerosos establecimientos de venta ilícita de bebidas. Cuando advirtió que su método no era de eficacia muy rápida, ella empuñó una pequeña hacha y comenzó a destrozar botellas, barriles de cerveza e incluso los muebles de dichos establecimientos. Fue ridiculizada constantemente y encarcelada muchas veces, pero estaba tan firmemente convencida de la moralidad y la justicia de su causa que aceptó muy satisfecha su martirio.

La historia de Sarah Bernhardt es inolvidable. Ella tenía el temperamento de una tigresa y, sin embargo, la historia la recuerda como una de las actrices de más fina sensibilidad de todos los tiempos. Sarah sufrió innumerables fracasos en los comienzos de su carrera, pero tenía la pasión de la escena y la decisión de ser una gran actriz. Y lo consiguió, pues, a los veinte años, era famosa. Ella, que era una mujer que fumaba cigarros y que bebía licores fuertes, era a la vez una criatura de espíritu extraordinario. Visitaba los cementerios y se sentaba sobre las lápidas, como sintiendo todo el dolor de los muertos. Al parecer, a Sarah Bernhardt jamás le preocupó la opinión de la gente ni de lo que pudieran decir de ella. Era autónoma en extremo, y el recuerdo de su talento dramático es cosa que no se borrará jamás. Pese a que, hacia el final de su vida, tuvo que llevar una pierna artificial, siguió actuando, pues no podía cambiar su convicción de que era la mejor actriz del mundo.

Otra personalidad emprendedora fue la señora Schumann-Heink, que constituye otro ejemplo de lo que puede lograr la voluntad una vez que el espíritu se ha dispuesto a marchar para lograr su objetivo. A la temprana edad de quince años, comenzó a brindar al mundo su hermosa voz, ingresando como cantante de ópera. Se hizo famosa en el Viejo Mundo, pero cuando llegó a los Estados Unidos, cumplió su sueño dorado, el cual ardía desde hacía largo tiempo en su espíritu. Su corazón se le desgarró en diversas oportunidades, pero incluso frente a las más adversas circunstancias, la señora SchumannHeink siempre siguió adelante sin dejar de sonreír. Su hijo mayor, durante la Primera Guerra Mundial, se había enrolado en los ejércitos del Káiser, mientras que sus otros cuatro hijos luchaban en las trincheras opuestas. Con todo, quienes la oyeron cantar por radio, con su leve acento extranjero, el himno de La bandera de estrellas centelleantes, se quitaron el sombrero y lloraron. A través de las cadenas radiales, su prodigiosa voz se tornó familiar para millones de personas. Se hizo querer por todos y poseía esa vitalidad esencial, innata en casi todo el mundo, pero que muy pocos logran desarrollar: el espíritu de no someterse jamás.

Por encima de cualquier raza, credo o color, quien haya escuchado la maravillosa voz de contralto de Marian Anderson se habrá sentido conmovido y fascinado. Sin embargo, pocos conocen los humildes orígenes de esta extraordinaria mujer. A la edad de seis años, deseaba ardientemente un violín, pero fue por esa época cuando aprendió que podía ganarse cinco o diez centavos fregando portales en Filadelfia. Si hubo alguna vez una mujer que creyera en sus sueños y que los convirtiera en realidad, esa mujer es Marian Anderson. Ella trepó hasta la cúspide de la fama mundial, pese a que tuvo que superar innumerables prejuicios y diversos obstáculos. Su triunfo es uno de los más resonantes y conmovedores de la historia de la música. El domingo de Pascua de 1939, esta joven negra de origen humilde, erguida ante el Monumento a Linean, electrizó a setenta y cinco mil personas allí reunidas, entre las cuales se hallaban ministros, senadores, diputados y personalidades del comercio y la industria. Leyendo la historia de Marian Anderson, se llega a la conclusión de que también ella triunfó por su firme convicción, y de que la gran fuente de su inspiración provino de su mente subconsciente.

En este libro se hallan numerosos ejemplos de hombres que utilizaron su mente subconsciente para lograr el éxito, pero como es más desusado hallar la historia de las mujeres que han conseguido destacarse por el mismo procedimiento, ofreceré aquí la historia de una joven que nos cuenta cómo el triunfo obtenido por ella es fruto de su mente subconsciente. Se trata de la conocida actriz de cine

Ángela Lansbury, que fue entrevistada por Mildred Mesirvo, del *Reach Magazine*. He aquí la entrevista.

Ángela Lansbury, la joven y brillante actriz de cine, además de tener belleza y talento dramático, es una mujer con un cerebro de excepcional calidad. La rubia belleza de Ángela es familiar para millones de aficionados al cine desde su magistral interpretación en el papel de mucama en Luz de Gas *y su emocionante desempeño en* El retrato de Dorian Gray, *como una pobre cantante de teatro barato.*

Los diversos papeles representados por Ángela no solo exigen belleza, sino también talento. Y Ángela tiene ambas cualidades.

Fue durante un descanso en Hollywood cuando, al abordarla, Ángela se lanzó a hablar sobre su tema favorito: la fe en su propio destino...

—¡Ah! —corrigió Ángela rápidamente—. Tal vez me haya expresado mal. No me refiero a nada mágico ni oculto. Tal vez la fe en el poder de la mente subconsciente sea el mejor modo de expresar lo que quiero decir.

—¿Quizás a la manera de Tennyson o de Stevenson? —sugerimos.

¡Exactamente! No es que yo piense en modo alguno que mi capacidad recuerde el genio de ambos. Ni por asomo. Pero creo haber descubierto el modo de estimular y poner en juego las reservas del subconsciente. Todo el mundo sabe que el subconsciente atesora toda clase de capacidades, recuerdos, experiencias y aptitudes que generalmente no utilizamos... Lo que estoy tratando de decir es que cuando, aprendemos la manera de utilizar los poderes de la mente subconsciente, entonces no hay límites para las cosas que podemos realizar.

Ángela ha aprendido por sí misma la técnica de la autosugestión. Desde que eligió su profesión de actriz, constantemente concibe la imagen mental de lo que aspira alcanzar. Incluso, según propia confesión, de vez en cuando escribe lo que se propone lograr. Evidentemente, Ángela ha logrado estimular y utilizar las reservas del espíritu creador que pocos de nosotros sabemos cómo utilizar. Dentro del subconsciente descansa la esencia del genio en sí; las energías que, una vez reconocidas, pueden surgir a través del campo de la actividad mental bajo aspectos que sobrepasan nuestras posibilidades conscientes.

¿Y cómo hace usted para estimular su mente subconsciente? —le pregunté.

—¡Cielos! No quiero parecer pedante, pero en realidad es muy sencillo. Si usted se dice a sí mismo una y otra vez que no hay límites para las capacidades creadoras de su espíritu, ya está. Sinceramente creo que eso es todo y se trata de una gran verdad. Sea lo que fuere, la inteligencia o la fuerza creadora existe en nuestro mundo, y es un hecho que se encuentra ahí, con el fin de que la utilicemos los que sepamos cómo hacerlo. Por supuesto, no sugiero que esta sea la única fórmula infalible para el éxito. Es preciso, al mismo tiempo, trabajar arduamente. Es necesario perfeccionarse con constancia, añadir nuevas mejoras a la propia habilidad, trátese de representar en el cine o en el teatro, pintar o hacer un vestido. Trabajando intensamente, cuando llega la oportunidad de expresar nuestra capacidad creadora, contamos con la técnica y con los elementos indispensables para lograrlo, es decir, un medio adecuado mediante el cual se puede obtener el máximo de nuestro ímpetu creador. ¿Lo pesca? —agregó con su típico humor—.

¿Y lo del sugestionar el subconsciente propio? —respondí.

Sí. Antes de irnos a dormir, debemos empezar a repetirnos que mañana haremos las cosas infinitamente mejor de lo que las hicimos hoy. Así, sea cual fuere la cosa que se emprenda, todas nuestras capacidades, todo lo que hemos aprendido e incluso quizás todo cuanto hemos sabido de alguna manera, pero que jamás captó nuestra mente consciente, estarán a nuestra disposición...

Forjarse la imagen mental de la situación a la que aspiramos es todavía mejor. Si, por ejemplo, vamos a realizar una prueba ante la cámara, debemos vernos actuando frente a ella mejor que ningún actor o actriz del mundo. ¡Representémosla de antemano en nuestra imaginación y de un modo perfecto! Seamos la Duse. Seamos la Bernhardt. ¡Concebirse como lo mejor en nuestra imagen mental, es llegar a serlo!

Entonces, cuando llegue el momento de la prueba, nos quedaremos sorprendidos al ver que logramos hacer las cosas mejor de lo que nos parecía posible.

El subconsciente es un factor que influencia la personalidad. Le agrada representar, cantar y pintar, así como manifestarse, expresarse. Le gusta superarse en todo aquello que tengamos que hacer. Tenemos, pues, la responsabilidad de proporcionarle las herramientas necesarias para que se exprese o darle la oportunidad de manifestarse, y así convertirlo en un aliado nuestro...

Otro ejemplo, y de los más importantes, es la forma en que vino al mundo la novela *La cabaña del Tío Tom*. Esta fue escrita por una mujer, Harriet Beecher Stowe, cuyo nombre será recordado siempre en los Estados Unidos. En 1850, la señora Stowe juró solemnemente que escribiría algo "que hiciera sentir a todo el país lo que es realmente la maldición de la esclavitud". Por espacio de dos meses, trató en vano de concebir un relato que conmoviera al mundo. En febrero de 1851, mientras asistía a un oficio religioso en la capilla de una Universidad, le vino a la memoria el tío Tom y su muerte. Según se cuenta, la señora Stowe regresó a su casa deshecha en lágrimas y, cuando hubo concluido el relato de la muerte del tío Tom, toda su familia lloraba también.

Luego, ella comenzó a investigar con el objeto de hallar hechos reales para incluirlos en su novela, pero cuando se sentó, dispuesta a escribirla, no necesitaba ningún material. La historia la obsesionaba y, literalmente, se escribió por sí misma. De su mente subconsciente brotaron recuerdos olvidados como impresiones fotográficas que se ordenaron automáticamente a sí mismas en el papel y con la debida secuencia. La señora Stowe no pensaba ni creaba esos incidentes, los ambientes y demás incidencias de su novela, sino que los veía y vivía. Y aun cuando en su época poco o nada se sabía de la mente subconsciente, está claro que la supo utilizar al máximo de manera intuitiva. Y hasta el día de su muerte, la señora Stowe insistió en que fue Dios y no ella quien había escrito su novela.

Hay mujeres notables, entre ellas las hermanas Bronte, Elizabeth Browning, Susan B. Anthony, Evangeline Booth y Jane Addamas, quienes lograron merecidos pedestales en el umbral de la fama.

Cuando repasamos estas vidas de mujeres notables y capaces, viene a nuestra memoria el recuerdo de la señora Astor Wilks, una de las mujeres más ricas de la historia, hija de Hetty Green, quien amasó una fortuna de sesenta y siete millones de dólares. La señora Wilks sigue los pasos de su famosa madre.

Tenemos también a Vera Nyman quien, con una idea, quince dólares y una bañera, montó un negocio que luego se negó a vender por un millón de dólares. Cuando se casó con Bernard, en 1920, estaba convencida de que lograrían amasar una fortuna de un millón de dólares. Tardó veintisiete años en lograr ese millón, pero lo tuvo, y más aún. La señora Nyman comenzó llamando a las puertas de las casas para vender un líquido de limpieza doméstico; y después experimentando en la cocina de su casa, consiguió otro líquido, constituido por diversos ingredientes, que servía para limpiar, sin alterarlas, las superficies pintadas de los hogares.

Su producto fue conocido en toda Norteamérica, y sus ventas ascendieron a dos millones quinientos mil dólares. La señora Nyman, día tras día, en su persistente recorrido, visitó a más de cincuenta mil amas de casa, logrando saber lo que son las dificultades y el desaliento. Su convicción de que lograría reunir un millón de dólares la llevó a conseguirlo.

Norteamérica solo contiene la historia de docenas de mujeres que, habiéndose destacado como dirigentes de la industria y el comercio, en las profesiones liberales, como escritoras y en otras actividades, ganan de veinticinco mil a cien mil dólares por año. Por ejemplo: tenemos el caso de la señora Gilmer de Nueva Orléans, más conocida bajo el nombre de Dorothy Dix, famosa consejera de las novias y esposas abandonadas, que ganaba setenta y cinco mil dólares anualmente. Mary A. Bair, presidente de la Oliver H. Bair Company de Filadelfia, devengaba un sueldo de cincuenta mil dólares. Y no digamos nada de Helena Rubinstein, dueña de una empresa productora de artículos de cosmética, cuyos ingresos fueron fabulosos.

En estas vidas triunfales van incluidas muchas mujeres, tales como Mary Dillon, presidenta de la Brooklyn Borough Gas Company, que comenzó a trabajar como oficinista de seis dólares por semana en una corporación de cinco millones de capital, que luego dirigió. Y la señora H. Snyder, de Chicago, que hace treinta y cinco años y con un capital de cinco centavos logró establecer un negocio de caramelos y golosinas que llegó a valer más de un millón de dólares.

Y no pasemos por alto la historia de Alice Foote MacDougall, presidenta de la Emceedee Corporation Cortile, Inc., y las de muchas otras como ella que han levantado enormes empresas que han superado a las de sus competidores masculinos en la dirección de grandes negocios.

Podría escribirse todo un libro sobre las mujeres que han logrado fama y fortuna en el campo de la radio y del cine, como artistas, como escritoras o como dirigentes. Millones de personas conocieron el nombre de Mary Pickford, pero no solo como estrella de la pantalla, sino como cabeza rectora de una gran empresa productora de películas.

Durante muchos años, Bertha Brainard fue la directora de programas de la *National Broadcasting System*, con un sueldo de la realeza. Se aseguraba que era la persona mejor pagada de la radio. Todo comenzó cuando, en 1922, se le ocurrió un programa de radio por el cual le pagaron cincuenta dólares.

También muchos conocen la historia de Amelia Earhart, la famosa aviadora norteamericana que se perdió con su aparato en el Pacífico. Siendo maestra de escuela, se interesó por la aviación y llegó a ser una de las más notables aviadoras del mundo. Fue la primera mujer que cruzó el Atlántico en avión. En 1931, voló sobre el Atlántico y cuatro años después, partió de Honolulú a California, volando sobre el Pacífico.

Un escritor ha dicho que la inmensa mayoría de los norteamericanos no creen que las mujeres son iguales a ellos ni nada por el estilo. Pero cuando nos detenemos y estudiamos la historia, la lista de las mujeres que han logrado triunfar en las diversas actividades de la existencia resulta impresionante.

Mary Roberts Rinehart, durante décadas, electrizó a los aficionados a las novelas de misterio y policiales, siendo otro ejemplo extraordinario. La necesidad la obligó a tratar de ganar algún dinero, ya que su esposo, un médico, había perdido toda su fortuna en un pánico de bolsa. Dedicaba enteramente su tiempo a escribir esos relatos emocionantes que fascinaron a millones de lectores, mientras simultáneamente atendía su hogar, cuidando y educando a sus hijos.

Hay muchas mujeres que se han quedado solteras porque tienen a sus propias ideas y no quieren casarse "con el primero que se les aparezca". Es indudable que, si esta ciencia es útil para los hombres, tiene que serlo también para las mujeres; incluso en este aspecto: cuando una mujer desee casarse con un tipo de hombre determinado, debe idear la imagen de lo que concibe como su ideal, y verá cómo, literalmente, convierte sus sueños en realidad. En otras palabras: toda mujer soltera que aspire a casarse con un hombre de determinadas cualidades y características debe mentalizar su imagen, mantenerla con firmeza y constancia en su subconsciente, y logrará que el objetivo de sus pensamientos llegue a materializarse físicamente. Algunas de mis lectoras pueden creer que esto es una tontería, pero, para muchas mujeres el empleo de esta ciencia ha constituido su gran conquista. Por consiguiente, si usted es soltera y en el fondo de su corazón desea unir su suerte a la de cierto tipo de hombre, imagíneselo, no necesariamente desde el punto de vista físico, sino en abstracto, por sus cualidades, su carácter y su forma de ser, y llegará el día en que se relacione con el hombre que ha anhelado.

Creo que las mujeres de hoy tienen a su alcance los medios para conseguir todo lo que deseen. Y ciertamente están rodeadas de oportunidades. A decir verdad, el mundo está muy abierto para la mujer en nuestros días. Pocas son las esferas de las actividades que, antes circunscritas a los hombres, no estén ahora a alcance de las mujeres. Hoy hallarnos a las mujeres en el campo de la ciencia, del arte, del periodismo, de la publicidad, de la política, del comercio, de la industria y en infinidad de otras tareas, y vemos que se desempeñan con la misma inteligencia, eficiencia y sentido de responsabilidad que los hombres.

No cabe duda de que esto ocurre en gran parte porque en la actualidad las mujeres reciben la misma educación que los hombres, y la consecuencia es que no solo se han familiarizado con los temas considerados hasta hoy como privativamente masculinos, sino que han tenido la oportunidad de expresar el desarrollo de su mente consciente y en su capacidad de razonar. En cierto modo, es tal vez superfluo atraer la atención femenina sobre las ventajas e importancia de utilizar su mente subconsciente, por cuanto siempre la han utilizado. En realidad, son expertas en su empleo, solo que la han denominado intuición. Mi criterio es el de que el subconsciente está muy por encima de la simple corazonada y que posee grandes poderes que pueden ponerse en marcha para beneficio no solo de los hombres, sino también de las mujeres, mediante la aplicación de la fuerza impulsora de la convicción. Como señalaba anteriormente, se logran maravillosos resultados sobre la mente consciente gracias a la puesta en marcha del subconsciente para que realice los deseos del ser humano.

Ahora bien, las mujeres modernas cuentan con una gran ventaja, una doble ventaja mental: a su mente subconsciente, cuya utilización acertada ha sido característica de su sexo y la tienen altamente desarrollada, pues ha constituido la guía femenina a través de los tiempos, se suma ahora la expresión de su mente consciente mediante los métodos científicos de la educación moderna. En mi opinión, se debe exclusivamente a esta feliz combinación el que las mujeres hayan progresado tan rápidamente y se hayan destacado en numerosas esferas de acción consideradas hasta no hace mucho como exclusivamente masculinas. En consecuencia, no solo han salido de su tradicional vida doméstica, sino que han entrado en el mundo en el que su criterio sobre las personas y sobre las cuestiones prácticas ha producido una modificación evidente.

Mi propósito fundamental es demostrar cómo toda persona puede desarrollar una mayor capacidad mental utilizando las facultades que se hallan en su mente subconsciente. Allí encontramos ese poder complementario que nos permite obtener las cosas que deseamos, además de preservar las que ya hemos adquirido. Mediante esta nueva cooperación que puede aportar nuestra mente consciente, sumada a las experiencias que preserva nuestra mente subconsciente y al ilimitado alcance de la mente subconsciente, podemos alcanzar aquellas cosas que en nuestro interior consideramos imprescindibles para nuestra existencia y felicidad, y también mantener vivo el sentimiento de que, mientras existamos, continuamos avanzando.

No debemos olvidar jamás que la mente subconsciente, además de conducirnos a un inmenso océano de intuiciones, es un magnífico depósito de ideas, poderes y recursos. Recordemos también que el subconsciente no tiene edad, es intemporal. Jamás envejece y nunca se cansa, por lo cual siempre podemos utilizarlo sin temor. Lo único que necesitas, amigo lector, es el poder de creer apoyándote en la firmeza de tus convicciones; creer sinceramente, intensamente, completamente. Una vez que el subconsciente haya recibido tu mensaje e intuya que tienes claros tus deseos y aspiraciones, no pasará mucho tiempo para que tus aspiraciones se vean satisfechas.

En este libro hablo de muchos hombres que han sabido utilizar esta ciencia y han logrado triunfar, y por lo tanto, confío e insisto con respecto hacia las mujeres sobre el hecho de que también ellas pueden utilizar los inmensos poderes de sus mentes de manera consciente, subconsciente y subconsciente, de modo que pueden triunfar igual que los hombres. Todo el misterio consiste en creer, mantenerse firme en las convicciones y hacer que la mente coopere de las tres formas en que puede potenciarnos, de acuerdo con los principios que aquí se han definido. La magia que nace de la convicción es tan real como nos lo han demostrado las vidas de las personas que han alcanzado el éxito. Y puedes utilizar estos mismos principios en tus propias vidas, apoyándote en tus convicciones personales.

Capítulo 9

La magia de creer

En 1944, una revista popular divulgó un relato sobre un grupo de científicos de Chicago que estaban experimentando con polillas. Una polilla hembra de una especie poco común fue situada en un cuarto y un macho de la misma especie fue liberado a kilómetros de distancia. En pocas horas, el macho fue encontrado golpeando sus alas contra la ventana del cuarto donde estaba la hembra confinada. El editor declaraba su creencia en que las ideas vuelan (con la seguridad de que la hembra había comunicado su locación al macho) atravesando barreras increíbles hasta llegar a quien originalmente están destinadas.

A continuación, he aquí un sencillo experimento que te hará preguntarte si los pájaros no poseen clarividencia o algún poder telepático. Fuera de la temporada, cuando menos abundan las aves, arroja unas migas de pan al patio de tu casa. No hay un solo pájaro a la vista. Apenas hayas entrado en la casa, verás cómo revolotean unos cuantos en torno al pan. Ahora, en lugar de migas de pan, arroja piedrecitas y advertirás que no aparece ni un pájaro. ¿Por qué acuden al patio cuando echas migas de pan? ¿Cómo saben que hay allí alimento para ellos? La ciencia no puede darnos la respuesta.

Edwin C. Hill, en su transmisión radial del 17 de febrero de 1947, dijo que los científicos, en cuanto más investigan, más convencidos están de que los pájaros y los insectos poseen algo así como aparatos radiorreceptores y transmisores, o alguna forma invisible para comunicarse entre sí. Esto, por supuesto, no es nuevo, ya que constituye una teoría expuesta hace muchos años por diversos estudiosos de la naturaleza, en particular por William J. Long en su libro *Cómo hablan los animales*.

Es interesante destacar que, durante la Segunda Guerra Mundial, el Cuerpo de Transmisores norteamericano efectuó algunos experimentos con palomas mensajeras y emisiones radiales de onda corta, descubriendo que estas aves se sentían afectadas por las ondas cortas, las cuales las confundían, induciéndolas a volar en círculo y luego a extraviarse.

Las golondrinas de San Juan de Capistrano, California, emprenden vuelo todos los años el día 23 de octubre y que regresan puntualmente el 19 de marzo; el salmón del río Columbia pasa cuatro años en el Océano Pacífico y regresa invariablemente al punto de partida; también hay perros y gatos que logran hallar su hogar, pese a que los hayan alejado de él por cientos de kilómetros; los patos salvajes retornan a sus lagunas de origen; y así innumerables cosas más se producen en la naturaleza, igualmente inexplicables para el hombre. Todos aquellos fenómenos, ¿no nos inducen a pensar que los peces, los pájaros y todo el reino animal también recurren a una especie de emisiones radiales, telepatía, percepciones psíquicas o lo que esto sea? Algunos autores sostienen que todas las cosas vivas tienen medios para comunicarse entre sí, y con base en los experimentos hechos en la Universidad de Yale, no es una hipótesis que se pueda desechar tan a la ligera.

A principios de 1945, los radioescuchas oyeron las voces de algunos soldados privados de la visión relatando sus experiencias sobre la "percepción facial", con la cual son capaces de advertir la presencia de obstáculos en su camino por intermedio de un sexto sentido, algo así como un "radar mental". El doctor Jacob Levine, un psicólogo de Boston que está a cargo del Colegio de Old Farms, en el distrito Avon de Connecticut, en el cual se enseñaba a los soldados ciegos a utilizar ese sexto sentido, declaró que él no podía explicar el mecanismo del mismo, pero que, sin lugar a dudas, existía. Esa "percepción facial" se basa en la hipótesis de que el cuerpo emite unas irradiaciones inconfundibles, aunque de variedad desconocida, las cuales, al entrar en contacto con un objeto cualquiera, se agrupan y forman una especie de imagen del obstáculo, retornando después al punto de partida a la persona vidente o no que las emite describiéndole la forma del obstáculo. Así es como la persona que no puede ver "percibe" el objeto en cuestión mediante la sensación que le producen en su cuerpo las irradiaciones emitidas hacia el objeto que le son rebotadas desde el mismo.

Hace tiempo que estoy convencido de que las diversas formas de telepatía o transmisión del pensamiento las utilizamos constantemente en nuestra vida y, en mayor medida de lo que creemos. Creo que un gran número de hombres notables, desde los grandes estadistas hasta los buenos vendedores, pasando por los oradores de gran envergadura, los predicadores y otras altas personalidades, ejercitan este poder telepático y otros métodos de influencia, sea consciente o inconscientemente. Nos encontramos de pronto con una persona desconocida y antes de que le hayamos dirigido la palabra, ya nos es simpática o antipática. ¿Cuál es el origen de esta simpatía o antipatía sino la consecuencia del contacto establecido por medio de la transmisión o percepción del pensamiento? Como mencioné anteriormente, una excelente explicación sobre el fenómeno de curar a distancia es mediante la telepatía, extraña facultad sobre la cual hasta ahora comenzamos a tener vagas nociones científicas.

Recuerdo a un famoso abogado que, mientras dictaba sus cartas, se paseaba a lo largo de su despacho dando la impresión de concentrarse con profunda intensidad. Cierta vez le pregunté por qué se ponía en pie y paseaba para dictar.

En primer lugar, pienso mejor de pie. En segundo término, cuando comienzo a dictar, me formo la imagen mental de la persona a la cual dirijo la carta. Si no la conozco, trato de imaginármela. En ambos casos, dirijo todos mis pensamientos y palabras a la persona en referencia como si estuviera en mi presencia en carne y hueso, y le digo mentalmente que mis planteamientos son justos y que los acepte.

Una empleada de librería que se destacaba sobre todas las demás por el volumen de ventas que lograba, me dijo que, en cuanto veía que un cliente vacilaba entre dos libros, ella inmediatamente comenzaba a repetir mentalmente el título de uno de los dos volúmenes, incitándolo a comprarlo. Añadió que muchas de sus ventas las lograba mediante esta influencia ejercida telepáticamente sobre el cliente. Un vendedor de auto móviles utilizaba el mismo procedimiento. En cuanto se hallaba frente a un cliente con posibilidades para comprar determinado automóvil, él empezaba a repetir: "Comprarás este coche, comprarás este coche, comprarás este coche". Y, según él, lograba realizar la venta.

Desde luego a muy pocas personas les agradará sentirse influenciadas por los pensamientos de otros cuando van a comprar algo, pero todos nosotros nos hallamos expuestos a esta sutil influencia, no solo en nuestras compras, sino constantemente, debido a la telepatía de las personas, o como quieras llamar a esta prodigiosa facultad. Sabemos también que este poder invisible es manifiesto, como lo puedes comprobar por ti mismo tan pronto lo experimentes.

De hecho, tengo la convicción de que algunas madres utilizan la magia de creer y la telepatía con sus hijos, y en algunos casos, los hijos con sus padres. No es raro que los esposos la utilicen entre sí, sin que ni uno ni otro lo sepan. Esto es muy cierto cuando un matrimonio se lleva muy bien y coinciden en todos o casi en todos los órdenes de la vida. Tú, si eres casado, ahí tienes un nuevo campo de exploración.

Uno de los ejemplos más extraños de esta sutil influencia en acción me dejó atónito hace bastantes años. El presidente de una gran empresa en la cual yo colaboraba estaba descontento con su jefe de ventas pero, debido a sus muchos años de servicio, no quería despedirlo.

Ya estaba harto, cuando de pronto se me ocurrió que podía sugerirle mentalmente la idea de que renunciara y se convirtiera en vendedor. Aquella noche, durante horas y horas estuve pensando en la misma desagradable idea. Estuve a punto de caerme de la silla cuando, al día siguiente, el hombre vino a verme y lo primero que hizo fue pedirme que le permitiera renunciar como jefe de ventas y ocupar el puesto de vendedor, pues así podría ganar más dinero. Ignoro si soy culpable de haber utilizado algún tipo de esta magia, pero tengo la conciencia tranquila porque el hombre, como vendedor de comisión, está ganando tres veces más de lo que obtenía en su anterior cargo.

He aquí otra historia, la de un matrimonio que vino a verme. El hombre me dijo que, hasta unos meses atrás, había sido el propietario de una gran fábrica de ropas en el Medio Oeste, pero que la había vendido y ahora estaba viajando con su mujer en una gira de placer. Su historia es, en síntesis, la siguiente.

Por espacio de más de treinta años, yo he sido miembro de una de las organizaciones secretas más grandes y más antiguas del mundo, la cual abarca el tema de la convicción desde la A hasta la Z. Pero yo, al igual que otros muchos miles, jamás comprendí ni advertí las verdades contenidas en sus principios. No obstante, hace varios años asistí a una serie de conferencias sobre el control mental y mis ojos se abrieron por primera vez. Percibí el prodigioso poder que el hombre puede manejar en su propio beneficio si sabe cómo lograrlo. Descubrí inmediatamente cómo podía trabajar en nuestro negocio para lograr considerables ganancias y lo puse en práctica. Sobra decir que, a partir de aquel instante, mi negocio comenzó a prosperar a una velocidad increíble. Durante la crisis, cuando las firmas competidoras sostenían una lucha terrible para no hundirse, nosotros ganábamos más dinero que nunca. Ahora, cuando vendí la empresa, creo que puedo decir, con toda modestia, que había llegado a la cumbre.

En este punto de la conversación intervino su esposa para decir:

Aunque mi esposo no se burlaba de mí abiertamente cuando yo hablaba sobre lo que había aprendido en las conferencias, me daba a entender que estaba convencido de que yo estaba perdiendo el tiempo. Con todo, yo sabía que algo importante había en todo ello y estaba segura de que, si mi esposo asistía a dichas conferencias, el negocio se multiplicaría. Aunque hablé con él para que fuera e insistí hasta el cansancio, no pude lograrlo. Un día, me convencí de que estaba procediendo erróneamente. En lugar de hablarle, debía utilizar la ciencia que me enseñaban en las conferencias. Puse manos a la obra (con cierto espíritu de venganza, la verdad). Mi hija y yo nos pasábamos los días repitiendo mentalmente: 'Papá irá, papá irá...'. Nos costó tres semanas. Pero fue.

Aquí prosiguió el esposo:

Usted habla de insistir y repetir las ideas. Bueno, pues conmigo dio resultado. Mi esposa me había contado lo que había oído en las conferencias y yo no le di el menor crédito. Yo, que había sido educado en el mundo práctico de los negocios, no podía creer en cosas tan abstractas. Sin embargo, un día sentí que 'algo' que me impulsó a ir con ella. Era la influencia mental de mi esposa y de mi hija. Y aquello es la cosa más grande que me haya sucedido en la vida. Después de la primera conferencia, comencé a poner en práctica lo que me aconsejaban y, a partir de aquel momento, mis ventas aumentaron prodigiosamente.

A decir verdad, yo no soy religioso en un sentido ortodoxo, pero le aseguro que de lo que hablo no es charlatanería, sino una ciencia. Lo que pensamos o contemplamos mentalmente se convierte en realidad. Quizás inconscientemente irradiamos nuestros pensamientos sobre los demás e influimos sobre ellos. Proyectamos vibraciones de antipatía, de odio o de amor y esas mismas vibraciones revierten después sobre nosotros y nos aniquilan o nos levantan. Todo cuanto debemos hacer es estudiar las leyes de las causas y los efectos, y entonces todo se torna claro. Se ha dicho que el pensamiento ejerce una influencia invisible pero poderosa, y así es. Hay pocas personas a las cuales se les puede hablar del tema. La mayor parte de ellas, ignorantes de la materia, nos miran con desdén en cuanto nos referimos a ello, y es entonces cuando uno se explica por qué el Maestro se expresaba por medio de parábolas. No obstante, hemos llegado a la conclusión de que no pasará mucho tiempo antes de que el público en general se familiarice con estas inquietudes, porque hay millares de personas ilustradas que reconocen esta verdad: que nos hallamos en el umbral de los grandes descubrimientos relacionados con nuestro poder mental, y ese número aumenta rápidamente. Me pregunto por qué en el mundo de los negocios son tan pocas las personas que lo aceptan y aplican, aunque supongo que, a la mayoría, les pasa lo que a mí, que mantienen sus mentes cerradas a estos temas y nadie se preocupa de influir sobre ellas, como hizo mi esposa conmigo. Todo cuanto hay que hacer es creer, profunda y sinceramente, que el poder del pensamiento existe, y entonces aplicar esta ciencia.

Alfred F. Parker, un agente de seguros generales muy respetado, me ha dado permiso para publicar una carta que me escribió en 1937 relativa al uso de esta ciencia de la mente. Ignoro si el señor Parker está también interesado en el estudio de la telepatía, pero me consta que cree en la eficacia de la convicción y la magia de creer. He aquí la carta, la cual habla por sí misma:

Recientemente, tuve la oportunidad de poner en práctica su ciencia y creo que le interesará conocer los detalles. Tengo un hijo de poca edad que, el 29 de diciembre de 1936, se enfermó debido a cierta oscura infección y tuve que internarlo en un hospital en un estado bastante grave. Los médicos dudaban de si podrían salvarlo o no. Mi angustia era terrible, pero decidí a afrontar la situación lo mejor que pude. Acordándome de sus consejos, puse una fotografía del niño en mi escritorio y metí otra en mi cartera. Con frecuencia, miraba las fotos y repetía mentalmente: 'Se curará, se curará...'. Al principio, tuve la sensación de que me estaba mintiendo, pero, poco a poco, comencé a creer firmemente en lo que antes me repetía con inseguridad. En aquel momento, el niño empezó a mejorar gracias a la excelente atención médica y hospitalaria, y a unas transfusiones de sangre. Ahora está en casa y se recupera rápidamente. Puede que haya sido una mera coincidencia el hecho de que, en el mismo instante en el que las palabras dejaron de ser para mí una cosa sin sentido para transformarse en una firme convicción, se inició el restablecimiento de mi hijo. Aunque así haya sido, se trata de una coincidencia muy digna de tenerse en cuenta.

Algunas personas han experimentado esto: al entrar en una habitación oscura, sintieron la presencia de alguien sin que ningún ruido ni palabra les hubiera advertido de tal presencia. ¿Es una prueba más sobre la telepatía? ¿Qué crees tú? Algunos entendidos en la materia sostienen que, si la persona que está en la habitación piensa sobre otro tema distinto y no advierte que ha entrado alguien, entonces la segunda persona no siente la presencia de la primera. Sin embargo, si al verla, piensa en ella, entonces el recién llegado advierte que no está solo. Muchas veces pasa eso de pensar en alguien y verlo a los pocos instantes. O hablar de alguien instantes antes de tropezárnoslo en la calle. Muchos dicen que se trata de meras coincidencias, pero cuando se analizan los hechos debidamente, no logramos hallar una explicación coherente para tantas "coincidencias". A mí no me cabe la menor duda de que cualquier persona con una mente sin prejuicios y dispuesta a informarse y a experimentar sobre esta facultad, más pronto o más tarde, llegará a la conclusión de que los fenómenos de la psicoquinesia y de la telepatía son auténticas realidades. Los investigadores y científicos sostienen que tales poderes están latentes en todos y en cada uno de nosotros, aunque más o menos desarrollados según cada uno piense al respecto.

Hudson, en su obra *Ley de los fenómenos psíquicos*, publicada por vez primera en 1893, explicaba numerosos experimentos para demostrar la existencia de la telepatía, entre ellos el de las barajas. Se vendaban los ojos de una persona, otra cualquiera elegía una carta y se pedía a los demás integrantes del grupo que concentraran su pensamiento sobre la carta elegida. Se le pedía entonces a la persona vendada que dijera qué carta imaginaba según la primera impresión que percibiera, o sea, diciendo la primera carta que se le ocurriera. Los resultados constituyeron una prueba más sobre la validez de la ciencia de la mente.

He aquí un sencillo experimento que pueden realizar tres personas. Córtense unas cuantas tiras de papel de diversos colores, cuanto más vivos mejor. Una de las personas las sujeta desplegadas en forma de abanico entre el índice y el pulgar, o sea, tal y como se tienen las cartas en la mano cuando se juega. Ahora, cualquiera de las dos personas restantes debe tocar una de las tiras y concentrarse en el color de la tira tocada sin que la vea el que las tiene en la mano. Debe hacerlo sin vacilar. Por ejemplo: decide tocar la tira azul y piensa: "azul, azul, azul" y la toca. Por su parte, la persona que tiene las tiras en la mano no debe tratar de adivinar. Quédese en actitud pasiva y, cuando le pregunten de qué color se trata, diga el primero que se le venga a la mente. El resultado los sorprenderá. Con un poco de práctica, dos personas que tengan gran afinidad (como esposos, por ejemplo: uno sujetando las tiras y otro tocando y pensando en el color) acertarán casi invariablemente. Yo he visto en varias ocasiones realizar el experimento veinte o treinta veces consecutivamente sin errar una sola. Pero aquí también debe entrar en juego la convicción. El que tenga las tiras en la mano no solamente debe poder concentrarse para recibir el pensamiento ajeno, sino estar convencido de que va a decir el color exacto.

Una advertencia. Ni este ni otros experimentos señalados en este libro deben hacerse en presencia de incrédulos o de gentes dispuestas a burlarse de todo, pues, con sus pensamientos negativos, influirán sobre los resultados, especialmente si su escepticismo es agresivo. No olvides que la convicción es un poder eficaz, que opera constructiva o negativamente según los fines perseguidos. Recuerda también el descubrimiento efectuado por el doctor Rhine sobre cómo la falta de convicción influye en los resultados de los experimentos de telepatía y de psicoquinesia. Además, toma nota de esto: el doctor G.R. Schmeidler, de la Harvard Psychological Clinic, en donde se han realizado numerosos experimentos sobre telepatía, sostiene que los sujetos que afirman que la telepatía es un mito o que la hipótesis es falsa, invariablemente obtienen unos resultados experimentales muy inferiores a los de quienes creen en su efectividad. Una vez más, vemos en acción el poder mágico de creer. Confía en que así es y así será. O cree que no sirve y, en efecto, no servirá.

El astrónomo francés Camille Flammarion, uno de los primeros investigadores de la transmisión del pensamiento, se anticipó en cierta medida a la teoría de los profesores Eddington y Jeans. Él sostenía que hay una mente actuante no solo en la vida humana y animal, sino en todo: en plantas, minerales y también en el espacio. Este científico sostenía que incluso en los átomos hay espíritu.

A comienzos de 1947, el doctor Phillips Thomas, de quien antes hicimos referencia, anunció públicamente su decisión de retirarse y dedicar todo su tiempo a la investigación de la telepatía.

> *Puedes pensar que estoy loco, pero pienso dedicar mi tiempo a la investigación de la telepatía cuando me retire dentro de dos años. No podemos concebir científicamente cómo ni qué es la telepatía, pero tampoco podemos explicar por qué causa tienen tanto éxito quienes son capaces de leer los pensamientos ajenos.*

A este respecto, el diario de Portland *Oregonian* publicó la siguiente editorial:

> *El otro día se publicó la noticia de que un destacado profesional que piensa jubilarse va a dedicar todo su tiempo a investigar en el extraño campo de la telepatía, calificada en general como percepción extrasensorial. Antes de que el lector diga: "¡Bah, otro chiflado!", le rogamos tener en cuenta que el doctor Phillips Thomas es un eminente hombre de ciencia que, durante muchos años, ha ocupado un puesto prominente en los laboratorios de la Westinghouse Company. Ahora decide convertirse en explorador de ese último continente recóndito, el de la mente humana, en el cual nos aguardan más maravillas, misterios y aventuras.*
>
> *Los escépticos deben tener en cuenta que el doctor Thomas, que es una autoridad internacional en electrónica, está*

convencido, gracias a evidencias que no podemos rechazar ligeramente, que en nuestra rutinaria aplicación de lo que llamamos ciencia convencional hemos subestimado bastante, tontamente, algunos de los fascinantes fenómenos que en el pasado llevaban el estigma de la magia...

Una actitud adecuada y racional es la de que el poder de la mente, sea lo que fuere, constituye una empresa científica que, mediante un rigor absoluto en la investigación, no dejará lugar a dudas cuando de él se hayan obtenido pruebas incontrovertibles. En realidad, no se trata de cosas ni de fenómenos sobrenaturales, sino simplemente de las manifestaciones naturales inherentes a nosotros que todavía desconocemos.

Tampoco carece de precedente la decisión de este científico en este intento de penetrar la ignorada ciencia del conocimiento de la mente. La incredulidad dogmática, manifestada displicentemente por ciertos hombres de ciencia con respecto a la telepatía y a las facultades afines, dista mucho de ser una actitud científica.

¿Qué beneficios extraerá la humanidad de la empresa que va a emprender el doctor Thomas? Esta es una pregunta difícil de contestar, pues bien puede ocurrir que haya profundos secretos que deberán ser eternamente intocables. Pero, si de esta investigación surge una mejor comprensión de nosotros mismos y de las fuerzas latentes de nuestras mentes, bien puede ocurrir que ese conocimiento traiga un mayor progreso y felicidad sobre nuestra especie.

Al final de la década de los cuarenta, mucho se escribió sobre Robert R. Young, el enérgico presidente de la Junta del Chesapeake & Ohio Railway y sus planes para la mejora y desarrollo de los ferrocarriles. Aunque no he leído jamás que el señor Young utilice el subconsciente, creo es plausible concluir que, en efecto, él lo hace. En un artículo aparecido en la revista *Life*, a principios de 1947, se decía que el señor Young cree en la "percepción extrasensorial" y que incluso es capaz de sentir ciertos estados místicos que le llevan a captar intuitivamente la verdad.

Sea la mente, el espíritu, el alma, las vibraciones eléctricas de alguna especie o como queramos llamarlo, la conclusión es que esa extraña facultad lo abarca y penetra todo.

En conclusión: cuando consideramos que la mente subconsciente de un individuo es solo una parte infinitesimal del universo entero, y que las vibraciones que de ella emanan se extienden sobre todo y llegan a todas partes, podemos comprender mejor el funcionamiento de la psicoquinesia, la telepatía y los fenómenos afines.

Al explicar la psicoquinesia, el doctor Rhine destaca que, para experimentarla, debe haber una actitud mental favorable, una expectativa positiva, una concentración de pensamiento y mucho entusiasmo para favorecer los resultados de los experimentos. De lo contrario, esos resultados son pobres o nulos. Nuevamente vemos aquí el poder mágico de creer. Para que de las pruebas obtengamos buenos resultados, es preciso que los experimentadores estén convencidos, lo mismo que lo están cuando creen que pueden influir sobre los dados o las cartas.

La convicción es el factor básico para lograr la acción de la psicoquinesia (el control del pensamiento sobre la materia) y los alcances de la telepatía. Esto quedó demostrado una vez más en los experimentos realizados en la Universidad de Duke. Al referirse a estos experimentos, el *New York Herald Tribune*, en su sección científica, publicó un artículo de John J. O'Neill en el cual decía que tales experimentos habían probado que era posible efectuar o frustrar las experimentaciones sobre telepatía y psicoquinesia. El artículo relataba cómo un joven, al distraer la atención de una de las personas que trataban de controlar la caída de los dados, burlándose de su capacidad para probar que la materia puede ser influida por la mente, logró inyectarle tanta energía negativa que no pudo conseguir en todo el día lo que venía realizando con éxito desde mucho tiempo atrás. O'Neill especula luego sobre este hecho diciendo: "Falta por realizar la experiencia contraria, es decir, obtener mejores resultados mediante la presencia y la creencia de gente que ejerza una influencia favorable con sus pensamientos positivos".

Mientras escribo esto, ignoro el resultado de este experimento positivo, pero teniendo en cuenta los millares de experimentos realizados en Duke y en otras Universidades, es muy probable que los resultados sean infinitamente superiores cuando los experimentadores creen en el fenómeno y están seguros de que los resultados serán propicios.

Si los tiros de golf pueden ser dirigidos mediante una conducción mental previsualizada adecuadamente, y los dados obedecen las órdenes pensadas en silencio por los experimentadores, ¿cómo podríamos negar que los acontecimientos no están sujetos también a los mismos influjos y que, por lo tanto, tenemos ante nosotros un campo que gradualmente irá develando al hombre moderno algunos de los viejos misterios de la humanidad? ¿No demuestran los experimentos de la Universidad de Duke que los llamados factores causales de la suerte son en realidad una consecuencia de las poderosas energías y vibraciones procedentes de la mente y no puras coincidencias? Hay autores que, mucho antes de que se conocieran los trabajos de Duke, han declarado que el factor del azar generalmente no es tal, sino la consecuencia de los pensamientos de alguna mente enérgica y poderosa que logra el resultado ambicionado mediante una combinación de la representación mental, la concentración del pensamiento, la voluntad y una inquebrantable convicción: la magia de creer.

Piensa sobre esto en relación contigo mismo y con la meta que te hayas fijado, porque este es el primer secreto de nuestra ciencia.

Cualquiera que haya estado relacionando con jugadores empedernidos sabe lo que para ellos significa la palabra "racha", tanto buena como mala. Y nadie ignora que el jugador, una vez que ha pasado la que cree su racha favorable, si persiste en seguir jugando, lo pierde todo. ¿Qué es ese período llamado "racha"? Nada más ni nada menos que el sentimiento de una percepción omnisciente, una profunda convicción de que se va a ganar, incluso en un juego durante el cual la magia de la convicción viene desempeñando un papel predominante.

Desde luego, este libro no ha sido escrito para los jugadores profesionales, sino para las personas trabajadoras que aspiran a triunfar en la vida. Con la referencia al juego solo pretendo proporcionar nuevos argumentos sobre cómo la concentración mental y la firme convicción pueden obrar milagros.

Como lo dije antes, los amuletos, los talismanes y demás enseres de la buena suerte no tienen ningún poder en sí mismos, pero quienes creen firmemente en esos objetos tienden a desarrollar a través de ellos una fuerza o poder conocido como psicoquinesia. He procurado explicar el procedimiento adecuado para desarrollar este poder, por medio de una profunda convicción, a fin de que el lector pueda lograr lo que se propone. Sin embargo, es conveniente advertir que nada hay más fácil que perder la convicción o la fe en sí mismo cuando no se está firmemente convencido de algo. Son millares de personas las que han subido a la cúspide del éxito para desplomarse luego en el abismo. Hay quienes, buscando la salud, parecen quedar milagrosamente curados solo para, poco tiempo después, enfermarse de nuevo. Hay muchos factores e influencias debilitantes, todas en el orden en que actúa la autosugestión, que en momentos de poca vigilia mental permitimos que se filtren en nuestro subconsciente y, una vez allí, inician su labor debilitadora. Por lo tanto, si marchamos siempre seguros, decididos y con la frente en alto, llevaremos ventajas.

Yo sé realmente cuán difícil es para la gente del común, que no sabe nada del tema, aceptar la idea de que toda la energía y el poder están en uno mismo. Pero incluso las personas más materialistas deben darse cuenta de que nada existe en el plano físico hasta que nuestra mente consciente no lo capta. Es la imagen creada en la mente de cada uno la que lo involucra en la realidad del mundo exterior.

La felicidad, buscada por tantos y hallada por tan pocos, es, por lo tanto, una cuestión que se halla dentro de nosotros, en nuestro interior y a nuestra disposición. El ambiente, las circunstancias y todo cuanto nos rodea no tienen ningún efecto sobre la felicidad salvo que permitamos que las imaginaciones negativas penetren en nuestra conciencia. La felicidad es algo independiente de la riqueza, del poder e incluso de la salud. Es un estado de ánimo que nosotros mismos podemos alimentar y controlar, y ese control lo ejerce nuestro pensamiento.

"Considera que todo es opinión y que la opinión está en tu mano", dijo el gran filósofo Marco Aurelio. "Aléjate, pues, cuando lo decidas, según tu propia opinión, y al igual que el marino que ha doblado la colina, hallarás la calma de las aguas tranquilas y todo en paz".

Una versión moderna de este verso se halla en la siguiente declaración de un hombre de setenta y ocho años al que me he referido anteriormente.

> *Las desgracias nos suceden solo cuando nuestra actitud mental conscientemente las provoca. Decepciones, inhibiciones, melancolías, depresiones, etcétera, son simplemente influencias emocionales o sugestiones de un estado de ánimo que influye negativamente sobre nuestros acontecimientos. Si resistimos a esas tendencias emocionales negativas y aseguramos mediante el poder de nuestras voluntades que tales influjos no afecten nuestra conciencia, desaparecen los argumentos de las ideas negativas, y las calamidades y el pesar desaparecen. Debe destacarse que la debilidad para resistir los pensamientos deprimentes y las fantasías negativas son un reflejo emocional que emana de la falta de dominio de sí mismo, que es el que permite o impide dominar la situación tal y como se presente. ¡Basta de pensar nocivamente! Neguémonos a pensar de forma negativa. Afirmémonos como creadores y jefes de nuestras propias actitudes pensantes y nos tornaremos invulnerables. Nadie puede derrotar jamás una voluntad resuelta y decidida. Hasta la muerte se detiene ante tal tipo de voluntad.*

Emerson ha dicho: "¿Qué es lo más difícil del mundo? Pensar". Y, en efecto, es así. Basta considerar que la mayoría de nosotros somos víctimas de las ráfagas de pensamientos y sugestiones que los demás disparan sobre nosotros. Todos sabemos que la ley de la causa y el efecto es inviolable y, sin embargo, cuán pocos de nosotros nos detenemos para considerar sus consecuencias. El curso de la vida de un hombre ha sido alterado numerosas veces por una idea siniestra, por un solo pensamiento adverso que le ha llegado súbitamente como un relámpago. Y a veces ese relámpago ha sido tan poderoso que ha cambiado el curso de la historia de la humanidad. La historia está llena de casos de individuos dotados con mentes y voluntades fuertes que, apoyados sobre sus íntimas e indeclinables convicciones, han sido capaces de inspirar a sus semejantes y guiarlos incluso a enfrentarse a terribles obstáculos y fuertes oposiciones. Personas que han creado de la nada grandes negocios, vastos imperios y hasta nuevos mundos. Pero esos seres no poseen el monopolio de la fuerza que proviene del pensamiento. Tú también tienes ese mismo poder. Todo cuanto tienes que hacer es utilizarlo. Solo entonces te convertirás en la persona que en tu imaginación deseas ser. Porque, mediante la acción de la ley de causa y efecto, atraerás hacia tu vida nuevos elementos que serán creados o atraídos por tus propios pensamientos.

Los pensamientos creadores positivos conducen a la acción y a la realización final, pero esta verdadera fuerza, muy superior a la de la acción, también procede del pensamiento. Recuerda: "Lo que cualquier hombre sea capaz de concebir en su imaginación es capaz de lograrlo en la realidad". Salud, riqueza, felicidad, todo es posible si se crea la imagen adecuada y se mantiene inflexible la actitud mental durante la acción, porque la ley de causa y efecto es inviolable.

"Conócete a ti mismo". Conoce tu poder. Lee y relee este libro hasta que llegue a formar parte de tus pensamientos cotidianos. Utiliza sistemáticamente la técnica de las tarjetas y la del espejo, y obtendrás resultados muy superiores a cuanto esperas. Sencillamente cree que existe el poder mágico de la convicción y su magia actuará, porque la magia de creer te suministrará la fortaleza y el poder necesario para que triunfes en todo lo que emprendas. Respalda tus convicciones con una voluntad resuelta y persistente, y te convertirás en una persona invulnerable, inconquistable, rectora de tu propio destino.

www.ingramcontent.com/pod-product-compliance
Lightning Source LLC
Chambersburg PA
CBHW030518080526
44586CB00011B/242